GUIARAMA COMPACT

AF277694

León

por **Víctor Díez García**

ANAYA
TOURING

Autor: **Víctor Díez García.**
Responsable de proyecto: **Esther García González**
Actualización y edición: **Isabel Jiménez**
Equipo técnico: **David Lozano**
Cartografía: **ANAYA Touring**
Diseño de colección: ***marívíes***

Fotografías: **Anaya**: Grupo Anaya: 2; Martin, Joseph: 8-9, 42, Sánchez, J.: 60-61. **123RF**: angelarredondo: 25 a y b; bepsphoto: 62; ihervas: 76-77; imag3s: 104-105; jackf: 106-107; jorisvo: cabecera 10 indispensables, 51 a y b; karsol: 58, 112; ksena32: 121 a; milosk: 36, 37; plotnikov: 99; roberaten: 13, 75; safakoguz: cabecera Dónde; siur: 72, 110; vector99: 88-89, 111. **Dreamstime**: Alcaproac: 98; Andronov, Leonid: 16-17; Benavides Nava, César: 6-7; Fernandez Rojo, Sergio: 81; Guiberteau, Olivier: 86; Kostrova, Olga: 33; Lunamarina: 96 a y b, 118-119; Makasanaphoto: 30-31; Maritxu22: cabecera Visita; Milosk50: 10-11; Ribeiro, Vítor: 92; Robba, Fabrizio: 34-35; Roman, Abel: 121 d; Sanchez Paniagua Carvajal, David: 87 a; Sigur1: 106; Wirestock: 83. **Shutterstock**: AlexeMarcel: 49, 63; Arredondo Prieto, Angel: 41; Cavan-Images: 20; Cervino Alvarez, Andres: 70-71; Dzyuba, Sergey: 56-57; Estevez, Nandi: 101; faber1893: 42-43; Fotogro: 85; fotosub: 87; Herraez Calzada, David: 44-45; JIAlvarez: 15, 55, 59, 109; leonardo2011: 21, 64-65; LFRabanedo: 100, 103; Ikonya: 73 a; lunamarina: 23, 29, 43 b; Iuscofusco: 94-95; Marques: 19, 46-47, 84, 93; Martinez Studio: 78-79; Munoz, Juan Carlos: cabecera Excursiones; OMP.stock: 121 c; Pumbastyle: 68; Rubio Marcos, Santiago: 43 a; Soutullo, Miguel: 121 b; tolobalaguer.com: 73 b; Vilela, Alvaro German: 53; Vinuesa, M.: 90-91; VR2000: 97.

8ª edición: febrero 2024

Reservados todos los derechos. El contenido de esta obra está protegido por la Ley, que establece penas de prisión y/o multas, además de las correspondientes indemnizaciones por daños y perjuicios, para quienes reprodujeren, plagiaren, distribuyeren o comunicaren públicamente, en todo o en parte, una obra literaria, artística o científica, o su transformación, interpretación o ejecución artística fijada en cualquier tipo de soporte o comunicada a través de cualquier medio, sin la preceptiva autorización.

© Grupo Anaya, S. A., 2024
  Valentín Beato, 21
  28037 Madrid

Depósito legal: M-35332-2023
ISBN: 978-84-9158-733-0
Impreso en España-Printed in Spain

PAPEL DE FIBRA
CERTIFICADO

La información contenida en esta guía ha sido comprobada antes de su publicación. Pero dado el carácter variable de algunos datos, como horarios de visita o precios, los editores declinan toda responsabilidad por las molestias que pudieran ocasionar a los usuarios de la guía y agradecen de antemano las sugerencias y aportaciones que ayuden a mejorarla.
En **guiasdeviajeanaya.es**, la página web de Anaya Touring, se puede consultar nuestro catálogo de publicaciones.

Contenido

La plaza del Grano, hito del Camino

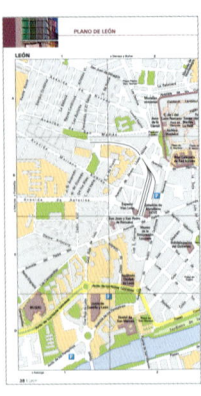

Cómo usar esta guía

Antes del viaje

Se sugiere la lectura de las secciones **Diez indispensables** (pág 7 a la 28) y **Una mirada a León** (pág 29 a la 33), con información sobre los principales atractivos monumentales y paisajísticos, la historia, el arte, la naturaleza, las fiestas y las gentes de León. Para quienes opinan que la **gastronomía** es uno de los atractivos del viaje, la sección del mismo nombre (pág. 120 a la 122) ofrece una visión bastante completa de aquellas especialidades leonesas que pueden despertar la curiosidad del viajero.

Durante el viaje

En el apartado dedicado a la **Visita a la ciudad de León** (de la página 35 a la 69) se describe la ciudad a través de cinco itinerarios: León monumental, León antiguo, El Ensanche, la ciudad nueva, Itinerarios lúdicos y Zonas verdes. En ellos se da una información detallada de los lugares de mayor interés. El **plano**, en las páginas 38-39, puede ser de gran utilidad para realizar estos desplazamientos por la ciudad.

Excursiones por León

Bajo el epígrafe **Excursiones por León** (de la página 71 a la 113) se ofrecen **nueve excursiones de un día,** que son otras tantas alternativas para visitar aquellas zonas que tienen un singular valor histórico, paisajístico o monumental. El **mapa de la provincia** (págs. 114-117) le será de gran ayuda.

La hora de comer (y cenar)

Dentro del capítulo titulado **Dónde** se incluye una amplia selección de **restaurantes** y **hoteles** por localidades, calidades y precios. También se ofrece información sobre un buen número de actividades, que van desde las fiestas de las principales localidades, a otras como alojamientos, museos, deportes, compras...

Use los índices

Finalmente se ha elaborado un **índice de lugares** de interés que permite localizar con facilidad las páginas en las que hay alguna información de utilidad.

Planificación del viaje

En función del tiempo del que se disponga, siga las siguientes sugerencias:

Una semana. Visite la ciudad de León siguiendo los **itinerarios urbanos** que se proponen en esta guía. Seleccione, entre las nueve **excursiones** propuestas, las que le resulten más interesantes para conocer la provincia.

Fin de semana. Si no desea salir de la ciudad de León, le sugerimos que recorra **alguno de los cinco itinerarios urbanos** propuestos. En otro caso, haga solo la visita del **casco antiguo y monumental** y seleccione **una o varias excursiones,** entre las que se proponen, a algún punto de la provincia.

Unas horas. Si está de paso en la ciudad de León y dispone solo de unas horas, visite el recinto histórico antes de comer o cenar en alguno de los restaurantes indicados entre las páginas 123-127. En el apartado **Dónde...** se incluye un listado actualizado de establecimientos hosteleros, así como información práctica sobre León.

Clasificación por estrellas

La mayoría de los lugares descritos en el libro se han clasificado por su grado de interés como sigue:

✱✱	Visita obligada
✱	Interesante

SÍMBOLOS UTILIZADOS

A lo largo de la guía se han utilizado símbolos sencillos y claros para indicar las siguientes categorías:

🛈	información práctica
◑	referencia a los planos
✉	dirección o localización
◉	número de teléfono
⬤	página web
◑	horario
⬛	precio

SIGNOS CONVENCIONALES EN EL PLANO

▨	Edificios de interés turístico	▨	Vías rápidas
▨	Parques y jardines	▨	Calles peatonales
🛈	Información turística	P	Aparcamientos

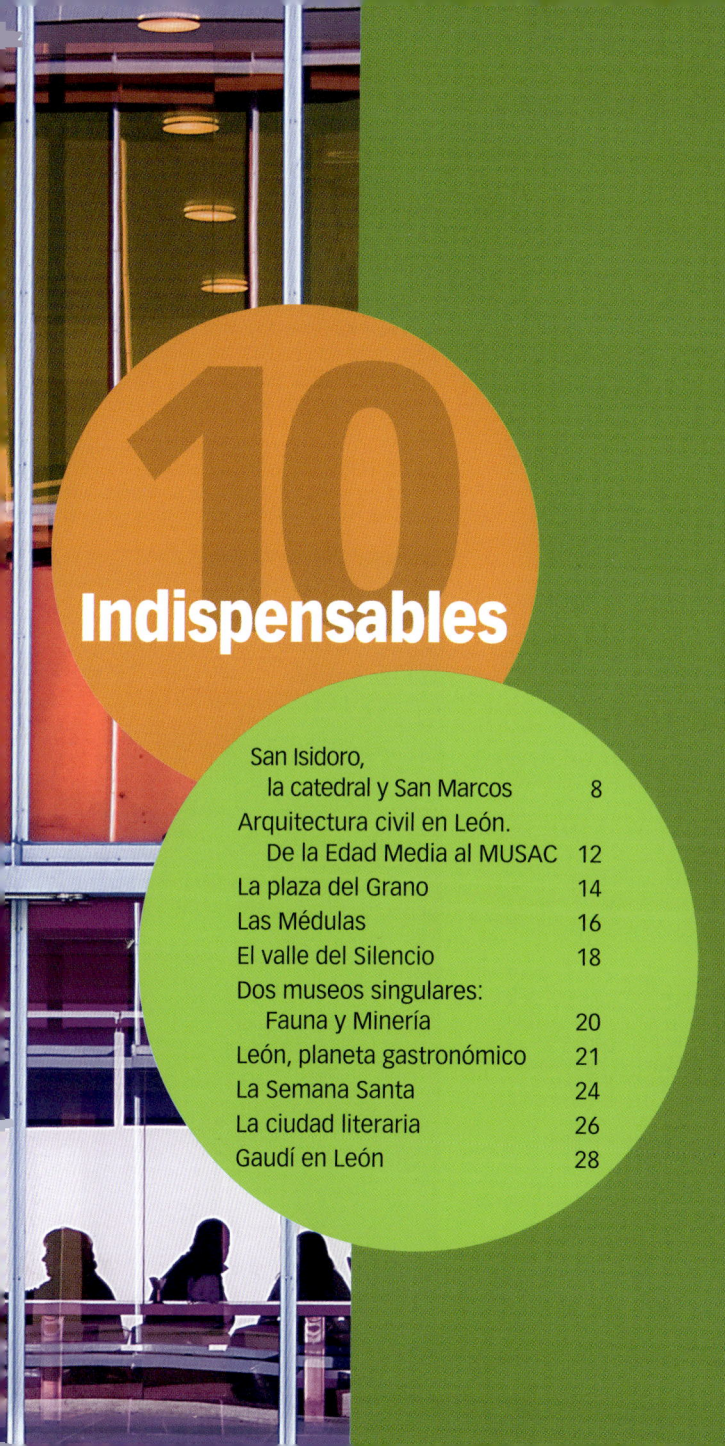

10
Indispensables

San Isidoro, la catedral y San Marcos

1

Un recorrido imprescindible es el que trenza los tres monumentos más sobresalientes de León: la románica basílica, la catedral gótica y el renacentista palacio, para descubrir sus maravillas visibles y sus tesoros ocultos.

Cada uno de estos edificios guarda en sí, como si fuesen ellos un cofre, su perla secreta. En San Isidoro, en lo más profundo de su Panteón de los Reyes, se podrán admirar las mejores pinturas del

Info

B2
Real Colegiata de San Isidoro, Museo de San isidoro y Panteón de los Reyes

✉ Plaza de San Isidoro, 4.

☎ 987 876 161.
  xczeosanisidoro
  deleon.com

🕐 Basílica: de lunes a sábado de 10 h a 21.30 h; domingo de 10 h a 22 h.
  Museo y Panteón Real: de martes a sábado, de 10 h a 14 h y de 17 h a 20 h; domingo y festivos de 10 h a 14 h. Visitas guiadas previa reserva.

💶 5 € (museo y Panteón Real). Gratuita (basílica).

románico. En la catedral, luz en el aire, quedaremos admirados con los colores deslumbrantes e inimitables, casi psicodélicos, de sus vidrieras. Y, por fin, de San Marcos no nos iremos sin embelesarnos con su fachada principal, auténtica joya del plateresco, su claustro y la sillería del coro, obra maestra de Guillermo Doncel, Juan de Juni y Juan de Angers, ejecutada entre 1537 y 1543 en nogal sin policromar y una de las mejores piezas en su género.

San Isidoro, nacida románica, se superpuso a una modesta iglesia de tapial del siglo X al lado de la muralla romana. Arrasada por Almanzor y reconstruida por Alfonso V, pronto se convirtió en sepulcro de los reyes leoneses. La nueva iglesia fue

▼ *Anunciación a los pastores*, fresco del Panteón Real de la colegiata de San Isidoro.

Info

🅰 A3

Catedral

✉ Plaza de Regla, s/n.
☎ 987 875 770.
🖥 www.catedraldeleon.org
🕐 De lunes a viernes de 9.30 h a 13.30 h y 16 h a 20 h. Claustro cerrado los lunes. Sábados, consultar en el monumento: Domingo y festivos de 9.30 a 11.30 h y de 15 h a 20 h.
🎟 Catedral y claustro: 7 €.

Museo Catedralicio

✉ Plaza de Regla, s/n.
☎ 987 875 767.
🖥 www.catedraldeleon.org
🕐 De martes a sábado de 9.30 a 13.30 y de 16 h a 20 h; domingo y festivos de 10 h a 13 h y de 15.30 a 20 h.
🎟 5 € (completa), 3 € (parcial).

engrandecida con las reliquias de San Isidoro de Sevilla, suntuosos tesoros y una gran biblioteca. Si Doña Sancha y Doña Urraca fueron sus madrinas, fue Alfonso VII quien la culminó allá por 1149. El erudito Antonio Viñayo, abad de San Isidoro, hombre de gran sensibilidad y mayor sabiduría, no comparte el tópico que suele nombrar el Panteón de los Reyes como Capilla Sixtina del románico. No le falta razón: «La quietud del lugar –escribe–, la tenue luz que filtran las arquerías, la solemnidad de las bóvedas casi al alcance de la mano, la belleza plástica de los capiteles, la sobrecogedora presencia de los sarcófagos, logran para el recinto un no sé qué de atemporalidad y transcendencia [...] Antes que en la Capilla Sixtina, nos encontramos en el pórtico de la eternidad».

La catedral gótica, segunda perla leonesa, se empieza a construir hacia el 1200, sobre antiguos templos e, incluso, sobre unas termas romanas. Así explican muchos sus numerosas amenazas de ruina y derrumbes, a partir de los que se llegó a crear una leyenda popular sobre un topo gigante que dañaba los cimientos. Su traza es similar a la de la catedral de Reims. La planta de tres naves, que se convierten en cinco para crear un monumental crucero, se

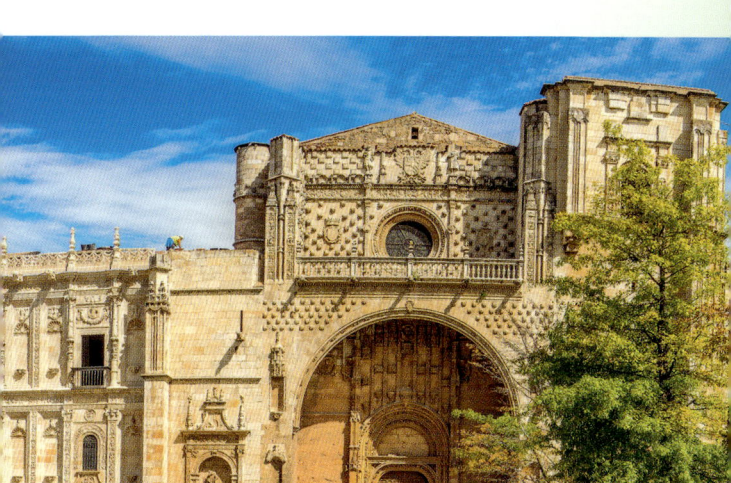

jalona con una cabecera en presbiterio, rodeado por una girola en la que se abren capillas hexagonales. Quizás este poema de Antonio Gamoneda nos sirva como explicación estética, sensible en la contemplación nocturna de la *Pulchra leonina*: «Si de la suave mano de la noche / llegas a este lugar, oh caminante, / cuida tu corazón. Yo te aviso / porque el aire peligra de belleza./ Esta es la cima de León. [...] Si abres los ojos, la armonía pura / se meterá en tu ser por la mirada, / mas si los cierras, sentirá tu cuerpo / igual escalofrío de belleza».

El cruce de caminos entre el último gótico y el arte renacentista es el enlace temporal en que surge la tercera joya de León, San Marcos. Pero su primera planta fue medieval, situada a la vera del Camino de Santiago como hospital de pobres y peregrinos. El convento-palacio que hoy nos asombra con su excelsa portada plateresca fue también, pasando el tiempo, casa central de la Orden de Santiago, duro penal en el que estuvo recluido Francisco de Quevedo y campo de concentración para millares de presos en la Guerra Civil, además de tener otros muchos usos de carácter administrativo que no han conseguido evitar que San Marcos siga siendo lugar sensible a ciertas magias y esoterismos.

▲ Hostal de San Marcos.

Info

🕐 D2
Hostal de San Marcos
✉ Plaza de San Marcos, s/n.
☎ 987 245 061.
🌐 https://museodeleon.com
https://paradores.es/
🕐 De 10 a 14 h y de 16 a 19 h (en verano, de 17 a 20 h); domingo y festivos, de 10 a 14 h. Lunes, cerrado.
🎟 Gratuito.

Arquitectura civil en León.
De la Edad Media al MUSAC

Más allá de su riqueza monumental gótica, románica y renacentista, la ciudad conserva una larga tradición de arquitectura civil nada desdeñable. En la actualidad se recuperan muchas de esas edificaciones, que se unen a la lista de interesantes construcciones comerciales, institucionales o culturales levantadas en las últimas décadas. El Museo de Arte Contemporáneo y el Auditorio, vienen a culminar en este siglo esta ejemplar tradición. Sin olvidar que la llegada del Ave, a finales de 2015, puso a la ciudad más cerca de todas partes.

Info

D1
Museo de Arte Contemporáneo (MUSAC)
✉ Avenida de los Reyes Leoneses, 24.
☎ 987 090 000.
🌐 https://musac.es
🕐 De martes a viernes, de 11 h a 14 h y de 17 h a 20 h; sábado, domingo y festivos, de 11 h a 15 h y de 17 h a 21 h.
Lunes cerrado.
💳 3 €.

Cabe nombrar en este apartado casas palaciegas como el interesante palacio de los Guzmanes, del siglo XVI, encargado al arquitecto Rodrigo Gil de Hontañón y que hoy es sede de la Diputación Provincial. También de interés es el palacio de los Condes de Luna, rehabilitado e inaugurado en 2010 tras años de abandono. Se utiliza por el Ayuntamiento como Centro de Interpretación del Reino de León. El palacio de Don Gutierre, en la plaza del mismo nombre, fue así mismo remodelado en fecha reciente, después de derrumbarse en el año 2002. También de la época es la casa de Carnicerías, en la plaza de San Martín, sede en León durante 2018 de la Capital Española de la Gastronomía. Del siglo XVII es el antiguo consistorio, en realidad un balcón o mirador en la Plaza Mayor, de traza barroco clasicista, para que las autoridades presenciasen desde allí actos públicos. El palacio de Jabalquinto, restaurado por el municipio, es otro, si no el mejor ejemplo de la sobria arquitectura nobiliaria leonesa.

Ya en el siglo XX, León recibe la visita del genial Gaudí, primero con la idea de construir un nuevo palacio episcopal en Astorga y, después, reclamado por los regentes de un negocio textil –Fernández y Andrés– que pretenden hacer de la casa de Botines su sede. El edificio está concebido como palacete neogótico de gran modernidad para la época. Desde 1931 fue sede de la Caja de Ahorros y Monte de Piedad de León, entidad que en la década de 1980 emprendió las obras de rehabilitación que se pueden ver en la actualidad.

La arquitectura comercial y civil ha dado a la ciudad otros gloriosos ejemplos, como el Casino o el Nuevo Recreo Industrial, en las inmediaciones de

la plaza de Santo Domingo; el antiguo Edificio de Correos, en la plaza de la Catedral; el Teatro Emperador, el edificio Pallarés (actual Museo de León) o la antigua sede del Banco de España, obras todas ellas de Manuel Cárdenas Pastor. El funcional nuevo edificio de Correos y Telecomunicaciones se debe al eminente arquitecto Alejandro de la Sota.

En los últimos años del siglo XX y primeros del XXI, la pareja de arquitectos Tuñón y Mansilla llevaron a cabo las dos obras arquitectónicas más importantes de la ciudad contemporánea: el Auditorio Ciudad de León y el Museo de Arte Contemporáneo (MUSAC), sumándose así a la honorable lista de arquitectos de renombre que han intervenido en la construcción civil de la ciudad. El auditorio, al margen de su atractivo turístico y su condición de estandarte de la imagen de la ciudad renovada, supone un acicate para las artes escénicas, la actividad congresual y la cultura. Se inauguró en mayo de 2002 y sus autores recibieron el Premio de Arquitectura Española 2003, que cada dos años concede el Consejo Superior de los Colegios de Arquitectos de España.

La otra intervención de este tándem de arquitectos en la ciudad fue el Museo de Arte Contemporáneo, inaugurado a finales de 2004 y al que, en 2007, se le concedió el premio de arquitectura internacional más prestigioso, el Mies Van der Rohe de Arquitectura Contemporánea de la Unión Europea. Edificio de una sola planta construido con muros de hormigón blanco y grandes vidrios de colores al exterior, el MUSAC quiere ser un espacio «donde el arte se sienta cómodo y ayude a borrar las fronteras entre lo privado y lo público, entre el ocio y el trabajo y, en definitiva, entre el arte y la vida».

▲ Fachada del Museo de Arte Contemporáneo de Castilla y León (MUSAC).

Info

🕐 B3
Museo de León
✉ Edificio Pallarés. Plaza de Santo Domingo, 8.
☎ 987 236 405.
🔗 https://museodeleon.com
🕐 De 10 h a 14 h y de 16 h a 19 h (en verano, de 17 h a 20 h); domingo y festivos, de 10 h a 14 h. Lunes, cerrado.

La plaza del Grano, hito del Camino

3

Último vestigio vivo del León medieval, junto a algunos paños troceados de la muralla, es el resumen perfecto de aquel tiempo lejano. La plaza del Grano, en un costado del casco antiguo, vecina del tumultuoso Barrio Húmedo, conserva aún el sabor de la quietud de un mundo de mercados cerealistas, curtidores, artesanos, caballerías y carros atollados en su empedrado imposible para el calzado moderno. Esta plaza forma parte del Camino de Santiago Francés, siendo la iglesia del Mercado punto final de etapa.

Desde el Portillo, por el teso de Puente Castro, entran a la ciudad los peregrinos que se dirigen a Compostela, con la catedral al fondo, rodeados de modernos centros comerciales y enormes rotondas. Este paisaje contemporáneo no hace sospechar que, al irse adentrando por las estrechas calles de la ya perdida judería, el visitante hará pie en un balsámico rincón de esos que nos devuelven a un mundo a escala humana, de especialísimo encanto a espaldas de la curiosa iglesia de Santa María del Mercado.

Entre el trino de las bandadas de vencejos en el ocaso estival y la rítmica cadencia de los bastones peregrinos que a ella se acercan y desde ella retoman su camino, este ágora ancestral se ilumina tenuemente al anochecer para mostrar la silueta misteriosa de sus historiadas piedras. En ella se encuentra el convento de las Carbajalas, que en la actualidad es un albergue de peregrinos, en cuya iglesia se encuentra el arca con las reliquias de San Adrián y de su esposa Santa Natalia. Dos enormes chopos crean una techumbre vegetal que da sombra y protege la barroca fuente central. A un costado de la plaza puede verse una cruz de piedra con base cuadrada en la que suelen jugar los niños sin sospechar, claro, que tuvo usos sanguinarios como rollo o picota de la ciudad. Se cuenta que aquí se apareció la Virgen y que los cofrades de Santa María cantaban junto a ella la salve *in sabato* (los sábados).

La Iglesia de Santa María del Mercado, que cierra el conjunto, es un original y verdadero puzzle arquitectónico de extraño aspecto. Su planta es basilical, de tres naves sin crucero, y presenta la singularidad de que se estrecha desde la cabecera a los pies, lo que le confiere aspecto de sarcófago. De origen desconocido, se suele datar su construcción a mediados del siglo XII. Ha sufrido numerosas reformas que la muestran muy alterada. Esas alteraciones afectan a todo el conjunto pero, a pesar de que son muchas ya las construcciones modernas que se asoman a esta plaza, aún quedan los suficientes vestigios tardomedievales para hacerse una idea de su antigua fisonomía. Los soportales del siglo XVI, con sus características columnas de madera con pie de piedra, son un valioso ejemplo. En torno a su conservación, hubo un importante movimiento ciudadano en defensa de su pervivencia hace algunos años.

Salen del albergue los peregrinos al alba, y se frotan los ojos, por si la visión de la plaza del Grano fuese solo un sueño. Ponen pie en la conocida calle de la Rúa (*rúa francorum*) hasta encontrar en la otra punta de la ciudad el brillo plateresco de San Marcos. Pasando el puente, verán el crucero que les indique el camino hacia su lejano destino.

Una oportunidad para ver la plaza del Grano en su esplendor medieval, es acudir a ella en las fiestas de San Froilán, el 5 de octubre. En esa fecha los famosos carros engalanados se despliegan en este espacio, dándole un aspecto que la devuelve a su origen. Parece que se pueden oír las voces de los mercaderes y los pregoneros de ordenanzas, entre dulzainas, tamboriles y el crujir de las ruedas de los carros.

Info

⊕ AB-4
**Convento de las Carbajalas.
Albergue de Peregrinos
y Hospedería Monástica Pax**
✉ Plaza del Grano, 1.
☎ 680 649 289.
🖰 www.alberguesleon.com/
   monjas

▼ La plaza del Grano es parada obligada de los peregrinos jacobeos, ya que forma parte del Camino de Santiago Francés.

Las Médulas

Paraje insólito, Las Médulas son un original conjunto paisajístico, fruto de la actividad minera aurífera de los romanos en los primeros siglos de nuestra era. Bellísima mezcla de monumento natural y parque cultural, fueron declaradas en 1997 Patrimonio Mundial.

Info

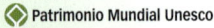

Centro de Recepción de Visitantes de Las Médulas

✉ Las Médulas. Carucedo.
☎ 987 420 708/ 619 258 355.
🌐 www.turismodelbierzo.es
🕐 Del 2 de noviembre al 28 de febrero, de 10.45 h a 17.30 h.
Del 1 de marzo a Semana Santa, de 10.45 h a 14 h y de 15 h a 18 h.
De Semana Santa al 30 de junio, de 10.45 h a 14 h y de 15.30 h a 19 h.
Del 1 de julio al 30 de septiembre, de 10.45 h a 14 h y de 16 h a 19.30 h.
Del 1 de octubre al 1 de noviembre, de 10.45 h a 14 h y de 15 h a 18.30 h.
Cerrado del 17 de diciembre al 9 de enero.
🎫 Gratuita. Visita guiada: 5 €.

◆ Patrimonio Mundial Unesco

No es fácil encontrar ejemplos en la naturaleza en que la acción devastadora del hombre haya creado tanta belleza. La vertiente estética de este «desastre controlado», la describe con toda su misteriosa belleza el escritor Gil y Carrasco: «Poco tardamos en vernos encerrados entre barrancos profundísimos, flanqueados de altas y tajadas murallas de barro colorado, coronadas con remates de caprichosas formas». O, «veíamos de perfil y como en esqueleto las despeñadas cárcavas de las minas, sus tonos crudos y ensangrentados, sus senos cuarteados y rotos y las naturales fortificaciones de sus picos, que todavía parecen sobrevivir a la ruina universal para abrigo y morada de los espíritus errantes de sus antiguos amos».

Ruina montium, así se denominó el tipo de minería practicada por los antiguos romanos entre los siglos I y III de nuestra era en ciertos lugares del Imperio, según cuenta Plinio el Viejo en su *Historia Natural.* Frente a la clásica búsqueda directa del oro en los ríos o en minas convencionales, este sistema era de una gran espectacularidad. Durante varios días se inundaba la zona escogida con el propósito de reblandecerla, produciendo así un plano de fractura. A continuación se ahuecaba una zona de forma aproximadamente esférica en el centro del monte seleccionado para

producir su derrumbe o *ruina*. Se introducía agua por la parte inferior de la cavidad, lo que comprimía el aire almacenado cuya presión aumentaba al disminuir el volumen de acuerdo con la ley de Boyle. Cuando esta interior superaba la resistencia del terreno se producía la espectacular *ruina montium*. Como observa Plinio: «La montaña, resquebrajada, se derrumba por sí misma a lo lejos, con un estruendo que no puede ser imaginado por la mente humana, así como un increíble desplazamiento de aire».

Para disponer del agua necesaria, los romanos construyeron una extensa red de canales *(corrugi)* de más de 300 km de longitud, que traían agua desde las cotas más altas de los montes Aquilianos, e incluso desde las cuencas del Sil y del Duero. El agua se recogía en embalses situados por encima de la explotación aurífera. Según diversos estudios, se calcula que se removieron más de 500 millones de metros cúbicos de aluviones, y que de cada tonelada se extraían 3 gramos de oro. Con estos datos se deduce que los romanos, utilizando de 20.000 a 100.000 hombres (según algunos estudios), extrajeron alrededor de un millón de kilos de oro de estas explotaciones.

Este paisaje casi extraterrestre emociona, pero también invita a seguir las rutas propuestas desde el centro de interpretación para poder visitar curiosidades arqueológicas como los castros prerromanos o las cuevas resultantes de la actividad minera, los restos de los canales o los acueductos, así como los hitos naturales situados en el entorno de la explotacion minera, como los bosques de castaños o el lago de Carrucedo, producido por el taponamiento de un valle por los vertidos mineros, que fue un valioso recurso piscícola y hoy es un humedal protegido.

Info

Aula Arqueológica de Las Médulas
- ✉ Las Médulas. Carucedo.
- ☎ 987 422 848.
- 🌐 www.turismodelbierzo.es
- 🕐 En invierno, de lunes a viernes, de 10 h a 14 h; sábado, de 10 h a 13.30 h y de 15.30 h a 18 h; domingo, de 10 h a 14 h. En verano, de 10 h a 14 h y de 15.30 h a 20 h.
- 💶 2 €.

Galería de Orellán
- ✉ Mirador de Orellán.
- ☎ 620 249 306.
- 🌐 www.turismodelbierzo.es
- 🕐 Lunes, miércoles, jueves, viernes, sábado, domingo y festivos, de 11 h a 14 h y de 16 h a 18 h (invierno), 19 h (primavera y otoño) y 20 h (verano).
- 💶 3 €.

▼ Explotación aurífera romana de Las Médulas.

El valle del Silencio

5

Info

**Iglesia de Santiago
de Peñalba**

✉ Peñalba de Santiago.
☎ 987 424 236.
(Oficina de Turismo de
Ponferrada).
🌐 www.ponferrada.org
🕐 Consultar horarios en la
Oficina de Turismo.

Situado en el centro de lo que se conoce como la Tebaida berciana, en el sureste de esta comarca montañosa, debe tan sugerente nombre a su maravillosa belleza solitaria y al obligado aislamiento en que permaneció durante siglos.

Como la Tebas egipcia para los cristianos coptos, esta zona tiene una gran carga espiritual y fue elegida, a lo largo de los siglos, por ermitaños y anacoretas para instalar sus cenobios y fundar monasterios. Genadio, Fructuoso o Valerio fueron los más célebres, a quienes se deben los monasterios de Peñalba, San Pedro de Montes o Compludo.

El pueblo de Peñalba de Santiago, uno de los más bellos de la península, con su maravilloso caserío tradicional forma un conjunto abigarrado de arquitectura popular cuidadísimo y restaurado. La iglesia es el último vestigio del antiguo monasterio mozárabe del siglo x. Cerca, puede visitarse la misteriosa cueva de San Genadio, lugar al que se retiraba el ermitaño a meditar. Su sepulcral silencio impone e invita a la introspección. Cuenta la leyenda que, tras retirarse Genadio a meditar a su cueva, no le dejaba concentrarse el murmullo incesante del río, de modo que el eremita golpeando con su callado dijo: «¡Cállate!», y el río enmudeció. Este silencio debe interpretarse como el permiso que la naturaleza nos da para detenernos a escuchar la música profunda del mundo, la sinfonía del viento sobre los bosques de castaños, los robles, las encinas y las urzes o ese aire luminoso en las cumbres peladas de los montes Aquilianos. El espacio se protege por sí mismo de la voracidad humana y le da a su fauna, de jabalíes, corzos, lobos o hurones, un hábitat libre de toda molestia.

La cima de la Aguiana o Aquiana, es el punto ideal para contemplar toda esta maravilla. Merece la pena la subida a su cima, a 1.846 m de altitud, una de las más altas del Bierzo. Son 3 km desde el campo de las Danzas, conocido así porque, según se dice, en él practicaban las mujeres astures ritos paganos para propiciar la fecundidad. El espectáculo desde la cima es indescriptible, en palabras del escritor Enrique Gil y Carrasco, en su obra *El señor de Bembibre:* «La vista que desde aquella altísima eminencia se descubre es inmensa, pues domina la dilatada cuenca del Bierzo llena de accidentes a cuál más pintorescos y hermosos». El

▲ Portada meridional de la iglesia de Santiago de Peñalba.

pico, que está cubierto de nieve en el invierno, es benigno e invita a la visita en el estío. Siguiendo la descripción de Gil y Carrasco: «Esta montaña es muy pelada, pero está cubierta de plantas medicinales y tiene en su misma cresta una ermita medio enterrada a causa de las nieves y ventarrones, en la que se adoraba, hasta la extinción del monasterio, la imagen de Nuestra Señora de la Aguiana, cuya función se celebraba el 15 de agosto y era concurridísima romería».

Para los más osados, nos atrevemos a proponer la ruta circular de la Tebaida, de unos 15 km, de dificultad media y duración estimada en unas seis horas. En ella, que surge desde la localidad de Peñalba para regresar a la misma, se visitan lugares peculiares como la herrería y el monasterio de Montes o el castro Rupiano. En el camino, ida y vuelta a Montes de Valdueza, se encontrarán espacios naturales boscosos como el Jardonal, las Furnias o La Torrecilla, además de los numerosos arroyos y cascadas que jalonan el río Oza.

Dos museos singulares: Fauna y Minería

6

Recorriendo los aproximadamente 30 km entre Valdehuesa, en la zona de Boñar, y el valle de Sabero, se pueden visitar dos curiosos e interesantes espacios museísticos: El Museo de la Fauna Salvaje, en las espectaculares inmediaciones del embalse del Porma, y el Museo de la Siderurgia y la Minería, en la ribera del río Esla.

Info

Museo de la Fauna Salvaje
- ✉ Valdehuesa. Boñar.
- ☎ 987 735 381/616 648 286.
- 🖥 www.museodela
  faunasalvaje.com
- 🎫 12 €.

Museo de la Siderurgia y la Minería
- ✉ Pl. San Blas, 1. Sabero.
- ☎ 987 718 357.
- 🖥 www.museosiderurgia
  mineriacyl.es
- 🎫 2 €.

▼ Museo de la Siderurgia y la Minería.

El **Museo de la Fauna Salvaje,** como no se cansa de repetir Eduardo Romero, su creador e impulsor, no es solamente un museo de caza. En sus paredes no se ven trofeos ni armas en ninguna de las vitrinas. Se trata de una serie de animales *naturalizados* (disecados) a partir de sus propias pieles y que las manos del taxidermista italiano Salvatore Rabito han sabido dotar de vida.

En él se puede encontrar desde la representación de toda nuestra fauna ibérica hasta leones, tigres, jirafas, canguros, elefantes africanos, leopardos, walabis, bisontes y carneros americanos, osos polares, morsas, focas, aves e insectos…, en definitiva, hasta ocho mil especies en total. El museo cuenta además con unas 25 hectáreas convertidas en Parque Zoológico: se visitan en todoterreno y en él habitan en semilibertad hasta 100 especies de animales, desde gamos, a muflones, jabalíes, corzos, lobos y rebecos, entre otros.

Por su parte, el **Museo de la Siderurgia y la Minería,** ubicado en Sabero, merece la pena ser visitado aunque solo sea por contemplar la espectacular rehabilitación de la decimonónica ferrería de San Blas. Con él, se ha querido rendir un homenaje a un grupo de hombres y mujeres, que hizo posible la instauración en estas tierras de la primera industria siderúrgica de España, allá por 1846. De tan temprana construcción industrial –los primeros altos hornos de *cok* o coque de España (1847-1862)– se ha conservado el gran taller, espacio rectangular de grandes dimensiones cubierto con una bóveda apuntada que apoya sobre grandes arcos ojivales.

Tras el abandono de la actividad minera, todo el valle es hoy un gran museo de patrimonio indirial. A la vista están aun las bocaminas abandonadas, los pabellones rehabilitados en los que vivían los mineros, o el complejo de viviendas que rodea la ferrería, donde se alojaban los ingenieros que trabajaban en la explotación. La espectacular maqueta que se muestra en el recinto museístico lo explica todo a la perfección.

León,
planeta gastronómico

Una de las estrellas de la oferta turística leonesa es sin duda la exquisita y variadísima despensa de su provincia, declarada Capital Española de la Gastronomía durante el año 2018, y complementada con sus excelentes vinos.

7

El Barrio Húmedo de la capital leonesa es el lugar ideal para la degustación de las viandas y vinos de la tierra. Hay más, qué duda cabe: en la misma ciudad, el barrio Romántico; en Ponferrada, el casco antiguo o parte alta; o Molinaseca, Cacabelos u otras localidades bercianas, rodeadas de mesones y de bodegas. Pero el entrañable Barrio Húmedo de la capital, es el lugar que un visitante no puede dejar de pasear. Bullicioso, de calles intrincadas que surgen desde la Plaza Mayor y encuentran su centro en la plaza de San Martín, invita a perderse entre vinos y tapas.

Una vez acodados en la barra o sentados a la mesa, la cantidad y calidad de la oferta nos sobrepasa. Lo delicioso en León se remite, sin duda, a la calidad de sus materias primas. No tienen secretos en esta tierra los guisos y estofados cuyo origen es la caza, sea perdiz o codorniz, liebre, conejo o jabalí. Pero, sin paliativos, es el cerdo el animal totémico de esta zona. Aquí se celebra la matanza como un ritual ancestral y, para almas de sensibilidad antropológica, puede asistirse a ella en diferentes puntos de la pro-

▼ Barrio Húmedo de León.

Info

🕮 Marca Productos de León

Carne de vacuno Montañas del Teleno (lechazo del Bierzo)
Marca de Garantía
(Ponferrada).

Lechazo Montañas del Teleno
Marca de Garantía
(Val de San Lorenzo).

Botillo del Bierzo
Indicación Geográfica
(Ponferrada).

Cecina de chivo de Vegacervera
Marca de Garantía
(Vegacervera).

Cecina de León
Indicación Geográfica
Protegida.

Queso de Valdeón
Indicación Geográfica
(Posada de Valdeón).

Alubia de La Bañeza
Indicación Geográfica
(La Bañeza).

Manzana reineta del Bierzo
Denominación de Origen
(Carracedelo).

Pera conferencia del Bierzo
Marca de Garantía
(Carracedelo).

Pimiento asado del Bierzo
Indicación Geográfica
(Ponferrada).

Pimiento Morrón de Fresno de la Vega
Indicación Geográfica
(Fresno de la Vega).

Mantecadas de Astorga
Indicación Geográfica
(Astorga).

Vinos DO Bierzo
Denominación de Origen
(Cacabelos).

Vinos DO León
Denominación de Origen
(Valencia de Don Juan).

Lenteja de Tierra de Campos
Indicación Geográfica
Protegida.
(Mayorga, Valladolid).

Puerro de Sahagún
Marca de Garantía
(Sahagún).

Tomate de Mansilla de las Mulas
Denominación de Origen
(en proceso).
(Mansilla de las Mulas).

vincia. Por ejemplo, en noviembre en Puebla de Lillo o en Riaño en diciembre. Jamón, lomo, chorizos, morcilla –con manteca, sangre, cebolla muy bien cortada, ajo y pimentón– y la mítica cecina, de origen vacuno, cuyas cualidades gustativas son además reforzadas por la ausencia de grasas. Respecto al pescado, como en toda tierra de interior, o viene de lejos o es de agua dulce. En el primer caso, produce uno de los platos más característicos de la gastronomía leonesa: el bacalao al ajo arriero. La segunda premisa, el pescado de río, queda resumido en la trucha. Se habla a su respecto de «las tres efes»: frescas, fritas y frías. Y es que era muy característica su preparación con unto en la montaña y tocino magro en la ribera.

Gran importancia tienen en la gastronomía leonesa los productos de la huerta, como no podía ser de otra manera en una provincia de numerosas riberas, que crean fértiles huertas por doquier. Muchos son, también, los quesos: desde el puro de oveja de la Tierra de Campos al azul de Valdeón, sin olvidar los de cabra como el Veigadarte. Otros lácteos no son menos exquisitos, como la cuajada o el yogur de Coladilla. Y hablando de postres, la dulcería no se queda a la zaga: las mantecadas de Astorga, los nicanores de Boñar, los imperiales de La Bañeza, los amarguillos de Sahagún y los Lazos de San Guillermo en Cistierna, son buena prueba de ello. Para terminar bien, que no falte el café de puchero y el golpe de orujo.

Elegir entre la gran variedad de platos no es fácil, pero, con permiso de las mollejas de lechazo de Campazas, los pichones de los Oteros, el gallo de corral con bogavante o los puerros de Sahagún, dos son los platos que otorgan renombre a León: el cocido maragato y el botillo. El cocido aquí se sirve al revés. De entrada, las carnes: morcillo, chorizo, gallina, pata y oreja de cerdo, lacón, tocino, costilla adobada y el imprescindible relleno. Siguen los garbanzos, acompañados con el repollo o berza con sofrito, que preceden a la «nunca bien ponderada» sopa final. Se puede degustar en muchos lugares de Astorga y alrededores, pero lo suyo es acercarse a Castrillo o Santa Colomba de Somoza para ver, además, auténticos pueblos arrieros.

Del botillo, algunos famosos embajadores bercianos han hecho una especie de religión de cofrades en todo el territorio nacional. Su origen se desdibuja en la historia y en la geografía, pero en el Bierzo lo reclaman históricamente y, en lo legal, se ha conseguido la Indicación Geográfica Protegida Botillo del Bierzo. Se trata de un embutido que intenta aprovechar, a la par que conservar, huesos con carne y despieces sobrantes de la matanza del cerdo, embutiéndolos adobados. Primero se ahuma para entrecocerlo después. Se acompaña de chorizos de la matanza y repollo con cachelos. Aunque la primera impresión es la de un plato de gran contundencia, se ha llegado a refinar hasta extremos insospechables.

También la cuestión del vino es dual. Dos climas, dos orografías y dos formas de entender la vida ofrecen como resultado un par de DO vitivinícolas en las que se elabora con las dos variedades características del país: la mencía en el Bierzo y la prieto picudo en las riberas del Esla y el Cea, con DO León. Ambas denominaciones de origen son, sobre todo la segunda, bastante recientes. No así la elaboración de vinos en esta tierra, pues ya los romanos y visigodos cultivaban los viñedos, y fueron las órdenes monásticas las que extendieron el cultivo y cultura de la vid en la región. Sería imposible nombrar aquí todas las bodegas y localidades vinateras de la provincia; pero le conviene al viajero que busca probar algunos de estos caldos, familiarizarse con algunos nombres de ambas cunas. De manera orientativa, nombraremos bierzos como *Cepas Viejas, Tilenus, Cuatro Pasos, Pittacum, Palacio de Canedo, Pétalos del Bierzo* o *Valtuille.* Un blanco curioso es *LB,* de la bodega Luna Beberide, elaborado con la uva alemana *gewürztraminer.* Entre los característicos de la DO León destacaremos tintos y rosados como *Valjunco, Don Suero, Peregrino, Pardevalles, Villacezán* o *Casis.*

▼ Viñedos en el Bierzo.

La Semana Santa

La Semana Santa leonesa muestra un tono de gravedad y de silencio contenido que sobrecoge a quienes la presencian. Esta tradición ancestral se ha conservado en su esencia a lo largo de siglos y ha sido declarada de interés nacional. La sobriedad se mezcla con el arte de los imagineros portado en los pasos.

8

Info

🌐 www.santadeleon.com

**Museo Diocesano
de Semana Santa**
✉ Mariano Domínguez
Berrueta, 12.
🌐 https://leon.es
ℹ Aunque fue inaugurado en 2020, cuenta con escasos fondos expositivos.

El término «pasos», que se refiere a la escenificación de estampas pasionistas de Cristo, proviene según los expertos del participio latino *passus,* cuyo significado es sufrir. Ese sufrimiento es al que dan vida, cada año en León, más de diez mil «papones», nombre que reciben los nazarenos encapuchados por estos lares. Existen 16 cofradías en la ciudad. La más antigua, la de Nuestra Señora de las Angustias y Soledad, data de principios del siglo XVI; poco después se fundaría la de Jesús Nazareno y un siglo más tarde la de Minerva y Vera-Cruz, completando la tríada de la conocidas como «las antiguas». Tal es la pasión con la que se vive esta celebración que no está exenta de conflictos entre cofradías, incomprensibles para los ajenos.

Durante la Semana Santa recorren la ciudad unas 25 procesiones a ritmo de cornetas y tambores, cada una con sus tradicionales pasos y sus propias características. La más sobrecogedora es, sin duda, la de *El Silencio,* que data de 1940. En la noche de Miércoles Santo, una multitud de hombres, solo hombres, escoltan silenciosos un único paso, el Cristo de Medinaceli. Muchos penitentes van descalzos y otros portan impresionantes cruces con gran esfuerzo. La procesión de Viernes Santo, llamada la de *Los Pasos,* es una de las más antiguas y se prolonga desde las 8 h de la mañana hasta la 15 h de la tarde. Es una larguísima procesión de papones negros, tan larga que se puede tardar una hora en verla entera. Otra de las más emotivas es la de *El Encuentro*, el Domingo de Resurrección.

Las fiestas de Pascua tienen manifestaciones propias en muchos pueblos de la provincia y un rito común en las zonas de montaña consiste en ahorcar a los *Judas* de paja, vestidos con ropas viejas que previamente se han recolectado entre los vecinos. Entre los desfiles procesionales, La Bañeza mantiene la figura peculiar del *Santo Potajero,* que reparte guiso entre la gente, y Ponferrada la del *Llambrión chupacandiles,* un cofrade encapuchado que, con una esquila en la mano, anuncia por las calles el tiempo de Pasión.

La Semana Santa leonesa, al margen de su intenso ritual religioso y procesional, constituye toda una fiesta profana marcada por los desfiles bufos, el juego de las chapas y el alcohol en forma de orujo y limonada explosiva. El visitante notará sorprendido, en estas fechas, cómo todos los bares tienen puesto el cartel de «hay limonada». Y es que, entre procesión y procesión, la Semana Santa leonesa mantiene, desde hace muchísimos años, el curioso rito de «matar judíos», que también existe en Ponferrada, y que consiste en ir de bar en bar bebiendo vasos de una limonada macerada, muy típica de estas fiestas, sobre todo en el Barrio Húmedo.

Otra costumbre es el juego de «las chapas», tradición ancestral de apostar a cara o cruz, y que ha sido prohibida año tras año por las autoridades gubernativas, aunque todo el mundo sepa que en alguna ocasión el propio gobernador civil tuvo que salir huyendo de la redada policial que él mismo había ordenado.

Entre las ceremonias más ruidosas se encuentra la procesión bufa conocida como el *Entierro de Genarín,* que conmemora la muerte de un famoso pellejero de los años 20 del pasado siglo, atropellado una Semana Santa por el primer camión de la basura que compró el Ayuntamiento de León. Desde hace unos años, en la noche del Jueves Santo, multitud de personas recuerdan la figura de aquel pellejero borrachín bebiendo orujo durante un recorrido ritual por la parte antigua de León.

▼ La Semana Santa de León está declarada fiesta de Interés Turístico Internacional.

La ciudad literaria.
Las palabras de la tribu

9

Es un hecho que León es tierra abonada para poetas y literatos de relevancia. Sea por un azar o porque «lo da la tierra»; porque estos parajes son proclives a un imaginario parnaso o porque el frío clima y los bucólicos paisajes invitan a tomar la pluma. Quizás sea que la nieve de sus montañas ya semeja en sí una página en blanco, o que algo remueve e incita al narrador que todo leonés lleva dentro, a recogerse en la cabaña de la escritura. En cualquier caso, es un hecho que León es una singular cuna de escritores y que la literatura es, sin duda, uno de sus patrimonios más tangibles.

En un recuento histórico, encontramos figuras leonesas de relevancia como **Fray Bernardino de Sahagún** que nació en Sahagún y fue uno de los padres de la etnografía. **Juan del Encina**, que vivió y murió en León, es considerado uno de los patriarcas del teatro español y responsable de la evolución polifónica española. El **Padre Isla**, novelista y autor de la *Historia del famoso predicador fray Gerundio de Campazas, alias Zotes*. Ejemplo del romanticismo español en estas tierras es el berciano **Enrique Gil y Carrasco,** autor de la célebre novela *El señor de Bembibre.*

Ya en la mitad del siglo XX, es reseñable la revista *Espadaña* (1944-1951) que surgió en plena posguerra, como oposición al clasicismo afecto al régimen franquista. Supuso un hito internacional en lo que se denominó la poesía desarraigada o de corte social. Creada por los escritores Victoriano Crémer, Eugenio G. de Nora y Antonio G. de Lama, como aglutinador, en ella llegaron a publicar César Vallejo, Miguel Hernández, Pablo Neruda, Blas de Otero y Gabriel Celaya, entre otros. Otros grupos o revistas llaman la atención en la provincia. Gerardo Diego bautizó como Escuela de Astorga al heterogéneo grupo en que se encuadraron escritores como el historiador **Luis Alonso Luengo**, **Juan** y **Leopoldo Panero**, padre del también poeta **Leopoldo María Panero**, además de **Ricardo Gullón**, amigo de Juan Ramón Jiménez y Premio Príncipe de Asturias de las Letras en 1989.

De la generación nacida antes de la guerra, destacan los villafranquinos **Ramón Carnicer** y **Antonio**

Pereira. El primero, filólogo y cronista de viajes, es autor del mítico *Donde las Hurdes se llaman Cabrera;* mientras que Pereira es el gran cuentista de las letras leonesas. De una generación similar es **Josefina Aldecoa,** escritora y pedagoga en el espíritu de la Institución Libre de Enseñanza. También destaca el poeta **Antonio Gamoneda**, premio Cervantes en 2006, autor de poemarios como *Descripción de la mentira, Lápidas* o *Libro del frío* entre otros, y considerado el literato leonés más insigne en la actualidad.

En torno a la revista *Claraboya* (1963-1968), se aglutinó un interesante racimo de poetas y novelistas como el filósofo **Agustín Delgado** o el novelista lacianiego **Luis Mateo Díez,** académico de la Lengua y Premio Nacional de Literatura. También de esa generación, nacida en la posguerra, son el poeta bañezano **Antonio Colinas** y el novelista y académico **José María Merino**, ambos galardonados con el Nacional de Literatura. Sin olvidar a los laureados novelistas **Juan Pedro Aparicio** y **Jesús Torbado,** o al dramaturgo **Fermín Cabal.**

Otras revistas de los años setenta son *Barro* o *Cuadernos Leoneses de Poesía,* que tuvo en su consejo de redacción a escritores de gran proyección, como un joven **Julio Llamazares** o a poetas como **Ildefonso Rodríguez.** Otros poetas leoneses reseñables son la periodista cultural **Eloísa Otero** y el berciano **Juan Carlos Mestre,** que obtuvo el Premio Nacional de literatura en 2009 por su libro *La casa roja.* Hasta 2017, y comandado por el poeta Rafael Saravia, se otorgó el Premio Leteo, galardón internacional de gran repercusión para la ciudad de León que ha sido otorgado a personalidades como: Martin Amis, Paul Auster, Juan Gelman, Gonzalo Rojas, Fernando Arrabal, Michel Houellebecq, Amélie Nothomb, Adonis, Enrique Vila-Matas, Sharon Olds, Mircea Cartarescu y Lêdo Ivo.

Reseñables son también los autores que estuvieron en León de manera itinerante. No siempre por propia voluntad, como le ocurrió a **Francisco de Quevedo,** quien estuvo recluido casi cuatro años en el penal de San Marcos. **Concha Espina,** escritora cántabra, autora de *La esfinge maragata* (1913), vivió en Astorga por algún tiempo. Razones familiares trajeron a estas tierras a **Francisco Umbral,** quien dio sus primeros pasos como columnista en el *Diario de León.* Del mismo modo, el novelista **Juan Benet** trabajó, a mediados de los sesenta, como ingeniero en la construcción del embalse de Vegamián y situó en aquella zona su mítico territorio literario, *Región.*

Gaudí en León

La obra del arquitecto Antoni Gaudí fuera de Cataluña se reduce a tres edificios, de los cuales dos de ellos se sitúan en la provincia de León: la Casa Botines, en la capital, y el Palacio Episcopal de Astorga.

Info

Museo Casa Botines
- Plaza de San Marcelo, 5.
- 987 353 247.
- www.casabotines.es
- De lunes a domingo de 10 h a 21 h.
- Entrada: 5 €.

Museo de los Caminos. Palacio de Gaudí
- Plaza Eduardo de Castro, 15. Astorga.
- 987 616 882.
- www.palaciodegaudi.es
- De mayo a octubre, de lunes a domingo de 10 h a 14 h y de 16 h a 20 h. De noviembre a abril, de lunes a domingo de 10.30 h a 14 h y de 16 h a 18.30 h
- Entrada: 6 € (10 €, visita guiada).

▶ Casa de Botines en León, obra de Antonio Gaudí.

La calle Ancha, auténtico embudo de las gentes que transitan entre la catedral y la zona más comercial de la ciudad, confluye en la plaza de San Marcelo, justo donde se sitúa el palacio de los Guzmanes, sede de la Diputación leonesa, y se alza una de las pocas obras realizadas por Antoni Gaudí Cornet fuera de Cataluña: la **Casa Botines.** De estilo neogótico, propio de la primera etapa gaudiniana, el edificio albergó hasta 2017 la sede central de una entidad financiera, pero desde entonces se ha transformado en un museo cuya planta baja, iluminada con bonitas vidrieras que se inspiraron en las de la vecina catedral, fue la que albergó el negocio textil de los promotores del edificio, los comerciantes Fernández y Andrés. Construido en tan solo diez meses, el inmueble fue inaugurado el 15 de septiembre de 1893, fecha en la que se colocó sobre la puerta principal del edificio el conjunto escultórico de San Jorge y el dragón que aún luce sobre la misma. Siguiendo la idea del proyecto original fue una casa de vecinos hasta el año 1992. En la actualidad las diversas plantas acogen exposiciones sobre la historia del edificio y Gaudí, así como exhibiciones temporales. También se puede acceder a la torre del mismo.

El segundo edificio construido en León con planos trazados por el arquitecto catalán es el **Palacio Episcopal de Astorga.** Fue un obispo astorgano, Juan Bautista Grau, nacido en la misma ciudad que Gaudí, quien le encargó en 1887 la realización del proyecto. Gaudí atendió el requerimiento desde Barcelona y, pese a las diversas tribulaciones sufridas, finalmente las obras se iniciaron en junio de 1889 pero el fallecimiento de Grau cuatro años después supuso la renuncia definitiva de Gaudí a la dirección del proyecto tras diversas disputas con la Junta diocesana. El edificio de acabó en 1913 bajo la batuta de García Guereta y, desde los años sesenta del siglo pasado, es utilizado como Museo de los Caminos. Exteriormente destaca por su silueta neogótica acastillada, con cuatro torres, construida con granito del Bierzo. Se sitúa a espaldas de la catedral de Santa María, sobre la muralla romana y junto al Camino de Santiago.

Una **mirada** a **León**

La singularidad leonesa. Paisaje, historia y paisanaje

León es esto: lentitud sagrada
con álamos al borde del camino»
ANTONIO GAMONEDA

Info

**Oficina de Información
y Turismo de León**
✉ Plaza de Regla, 2.
☎ 987 237 082.
🔗 https://leon.es
www.turisleon.com
www.turismocastillayleon.
com

Es vano el intento de resumir lo leonés en un breve titular o un eslogan publicitario. La verdad justa de su explicación radicaría en el intento de hacer llegar al visitante la complejidad de su espíritu a muchos y diferentes niveles.

La tierra

Haciendo ver primero la variedad de su fisonomía tan dispar, que engloba desde las llanuras cerealistas de Tierra de Campos, el Páramo o la Maragatería, hasta las escarpadas formaciones montañosas que, a la vez, separan y unen la provincia leonesa con sus vecinas del norte y el oeste, de Asturias, Cantabria y Galicia. Es amplísima la paleta de colores que nos ofrece esta enorme provincia de más de 15.000 km² y casi medio millón de habitantes. «Todos los paisajes, excepto el mar», suele decirse de la provincia de León. Y así es: desde el verdor de los frescos pastos de la montaña estival, que se convertirán en un blanco níveo en el invierno, al negro brillo del carbón. Desde los amarillos campos de cereales, a la explosión multicolor, del rojizo al dorado, de los bosques bercianos en otoño. Tierra de cien puertos, de San Glorio a Piedrafita; lugar de mil ríos sosegados por embalses, León, quizás solo pueda explicarse en esa metáfora que suena a contradicción: tierra de agua, hecha a imagen y semejanza de sus numerosos ríos; una tierra de aluviones, de afluencias e influencias, de idas y venidas.

La historia

La geografía determina también la historia: si la primera es privilegiada, la segunda no lo es menos. Intersección histórica de la Ruta de la Plata, de norte a sur, y del Camino Francés de Santiago, de este a oeste, por esta tierra cruzaron y dejaron su seña todas las culturas fundacionales de lo que hoy denominamos Europa, el viejo continente. Sus primeros pobladores –astures, vacceos y celtas-galaicos– mostraron una tenaz resistencia ante el empuje romano, en directa proporción a la codicia de los invasores por los minerales de la zona, señaladamente las minas de oro de Las Médulas. El declive romano dio

▼ Paisaje otoñal en el norte de León.

paso entre el siglo III y el V a las hordas bárbaras de suevos y francos, aunque serían los visigodos quienes se asentaran como pueblo hegemónico, dando una cierta paz y prosperidad a la zona, ligada además a la impronta del cristianismo.

Pero los avatares y embates volverán a partir del siglo VIII por el sur, a cargo de los musulmanes, encabezados por el celebérrimo Almanzor. Tras los denodados intentos de monarcas como Alfonso I y Ordoño II por reconquistar los territorios perdidos, será Alfonso V quien se corone en la capital en el año 999, estableciendo la corte que inicia el periodo más glorioso del reino leonés.

Otros reyes relevantes del antiguo reino fueron Alfonso VI, que llegó a tomar Toledo y se erigió emperador; también Alfonso IX, que propició la celebración de lo que se consideran las primeras cortes europeas en que se dio voz a los ciudadanos, celebradas en 1188 en el claustro de San Isidoro.

Entre los siglos X y XII se vive el apogeo del Camino de Santiago y la llegada de las influencias europeas, sobre todo de los francos, en forma de gótico, órdenes religiosas como Cluny y posteriormente el Císter. A medida que la capital del reino se va desplazando hacia el sur, León comienza una lenta decadencia en la que va perdiendo sus atribuciones como reino. Los fueros propios fueron abolidos por los Reyes Católicos, quedando solo los concejos como forma municipal y popular de gobierno.

En el siglo XVI, Carlos I se encargó de recortar sus atribuciones, dando lugar a los sangrientos acontecimientos que siguieron al levantamiento de los Comuneros, aplastado en 1522 por el rey emperador.

▍El caracter leonés

Sirva este pequeño resumen histórico como muestra de los convulsos orígenes de lo que hoy conocemos como León, provincia de al menos dos provincias, la que rodea a su capital y la que se extiende al oeste como comarca del Bierzo. Contando además, como solución de continuidad, con la Maragatería, cuya histórica capital, Astorga *(Asturica Augusta),* es la ciudad más antigua de la provincia. Este lienzo tricolor que enriquece la paleta pictórica, avisa de la vocación de frontera que embarga esta provincia. Desde luego no se trata de una frontera administrativa, sino más bien de un espíritu que trenza el carácter de lo leonés y que se puede atisbar en sus paisajes, en la arquitectura de sus pueblos o ciudades y, claro, en el espíritu de sus gentes.

Del lejano esplendor del otrora Reino queda un antiguo orgullo de nobleza venida a menos que, leída en los rasgos del paisanaje leonés, implica un amor a lo propio que no es excluyente, pero que no siempre se traduce en términos prácticos de mejoría de las condiciones de vida de esta provincia. No faltan quienes se lamentan de esta tierra que se desangra, como sus ríos afluyendo en otros mayores, sin la suficiente capacidad para retener sus maravillosos recursos o sabiduría para hacerlos germinar.

▲ Catedral y Palacio Episcopal de Astorga, la ciudad más antigua de la provincia de León.

Pero este desasosiego nostálgico del leonés se compensa con creces con el aprendizaje de siglos y siglos siendo hito de paso, trasiego que ha acostumbrado a los leoneses a relativizar lo negativo, a ser gente de buen vivir, acogedora y buena anfitriona. Se dice que «quien tiene un amigo en León, lo tiene de corazón». Su desarrollado y casi sagrado sentido del ocio y su predisposición vitalista a la celebración festiva, aseguran a cualquier visitante una agradable estancia. La charla y la reunión son los deportes favoritos de los leoneses y, con ellos, la ironía, el regateo, los juegos de palabras y sentidos, las invitaciones, siempre al son de un brindis, siempre en los bares. Costumbres como la del *filandón,* el arte de contar historias en sobremesas interminables, azuzadas por el orujo que ablanda la lengua; o las *facenderas,* trabajos colectivos en beneficio de la comunidad, delatan el carácter leonés. Hay en todo un regusto por lo antiguo, por la tradición, en el que se hace evidente la pervivencia de lo rural en lo urbano, si bien no está exento de un interés por la modernidad.

Visita a León

Visita
a la ciudad de **León**

León es una pequeña ciudad situada entre los ríos Torío y Bernesga. Lugar de paso entre la Meseta y la Cordillera, la ciudad de León ha acogido a través de los siglos una sucesión de culturas y formas de vida diferentes: romanos, francos, suevos, musulmanes... Quizás por esa costumbre inmemorial, sus gentes se caracterizan por ser afables anfitriones y cumplir esa ley no escrita de procurar al visitante calor en los fríos inviernos y frescor en los tórridos veranos que le procura su clima continental. Su fundación, que hasta ahora se fechaba en el siglo I y se atribuía a la romana Legio VII Gémina, se adelanta, según excavaciones recientes, en al menos un siglo. La parte antigua de la ciudad, de trazado sinuoso y rústico, se ha completado en el siglo XX con armoniosos ensanches y edificios modernos que le dan un aire de equilibrio entre lo antiguo y lo moderno.

Visita a la ciudad de León

ITINERARIO BÁSICO: LEÓN MONUMENTAL

HOSTAL DE SAN MARCOS   **

Para iniciar una visita por el León monumental hay que situarse, alejados del centro, en las orillas del río Bernesga. Aquí, uno de los monumentos más representativos de la ciudad, el Hostal de San Marcos, da nombre a la plaza y al puente sobre el río. Este enorme edificio, que en su forma actual data del siglo XVI, cuenta su historia desde los tiempos de doña Sancha en el siglo XII. Desde entonces ha sido hospital, cuartel de caballería, monasterio de jesuítas, cárcel... y actualmente alberga las instalaciones de uno de los más emblemáticos establecimientos de la red de Paradores.

Su excelente **fachada plateresca** se debe, en parte, al escultor Juan de Juni y su piedra blanca procede de las canteras de Boñar. Consta de tres cuerpos armoniosos que incluyen una torre, un rosetón central, medallones conmemorativos y columnas. Merece especial atención la **portada principal**, formada por un arco de medio punto entre cuatro columnas. Más arriba se dispone una balconada barroca, y sobre ella un ático y un rosetón calado, coronado por una figura de la Fama.

Unida al edificio se encuentra una **iglesia** de cruz latina, cuya portada muestra una arcada que protege el pórtico, con motivos de la Crucifixión y el Descendimiento. En el interior son reseñables la **sacristía** de Juan de Badajoz y el **coro** que se atribuye a Juan de Juni y Diego Doncel. También es de gran interés el **claustro** renacentista y barroco

Planificación de la visita

Para visitar la ciudad se ofrecen **cinco itinerarios** que abarcan una panorámica completa de la ciudad a todos los niveles: monumental, histórico, lúdico...

El primero de ellos, que lleva el título de **León monumental,** permite visitar los principales monumentos de la ciudad. El segundo, denominado **León antiguo,** posee un sentido más histórico y recorre las zonas antiguas en busca de los vestigios de la ciudad medieval y moderna. El tercero, denominado **El ensanche: la ciudad nueva,** pretende dar una perspectiva de la ampliación que ha sufrido la urbe en la época contemporánea. La propuesta **itinerarios lúdicos** ofrece una visión de las zonas de ocio y entretenimiento que posee la ciudad, al igual que de la dimensión humana de la misma. Para terminar, el **itinerario por las zonas verdes** propone una visita a los parques y jardines leoneses, permitiendo hacer una incursión en la naturaleza del entorno urbano y sus alrededores.

Para facilitar la visita se dispone de un **plano** de la ciudad, en las páginas 36-37. El símbolo 🅾 remite a la localización en el plano de cada monumento o lugar comentados. Las estrellas (✱ o ✱✱) hacen referencia a su importacia o su especial interés.

◀ Hostal de San Marcos.

LEÓN

1   a Devesa y Boñar   2

Marqués de Montealegre

San Juan de Sahagún

Plaza Padre Sev. Ibáñez

La Palomera

A

Avenida de Sancho Ordóñez

Padre Risco

Alfonso VI

Reyes Católicos

La Bañeza

Las Anforas

Fernando III El Santo

de

Nocedo

Los Osorios

Concha Espina

Avenida de los

Murallas romanas

Cardenal Landáz

Pab

Arco de la Cárcel

C. de I. del León Romano

Plaza del Vizconde

Santa Marina La Real

Avenida de San Mamés

Plaza del Espolón

Archivo Histórico

Plaza de S. Martino

Plaza S. Isi

Avenida Mariano

Avenida López Núñez

Avenida de Ramó

Real Colegiata de San Isidoro

La Torre

B

a Asturias   a Piedrafita

J. G. Acevedo

N. de Guzmán

De los Ríos

Andrés S. J. de Prado

L. del Valle

Avenida de Álvaro López Núñez

Avenida de Asturias

León XIII

Renueva

P

Espacio Vías León

Estación de Matallana FEVE

Isla

Avenid

San Juan y San Pedro de Renueva

Padre del

Avenida

Luis S. Carmona

Museo de la Emigración Leonesa

Quiñones

Ramiro

Valbuena

C

Dama Arintero

Cruz Roja de León

Avenida del Padre Isla

Cinco de Octubre

Suero

Juan

Lucas

Madrazo

Roa

Subdelegación del Gobierno

Vía

de

Santa Engracia

Las Campanillas

Auditorio Ciudad de León

Gran

de

Plaza de Colón

Avda. de los Reyes Leoneses

Juan de

Colón

Tuy

Campanillas

Avda. de Los Reyes Leoneses

P

MUSAC

Cruz Roja de León

Junta de Castilla y León

Avenida de los Peregrinos

Avenida de

Badajoz

Paseo

de

Jardines

D

Hostal de San Marcos

Plaza de San Marcos

Puente de San Marcos

Paseo

P

Avda. de los Peregrinos

Riosol

a Astorga   1   2

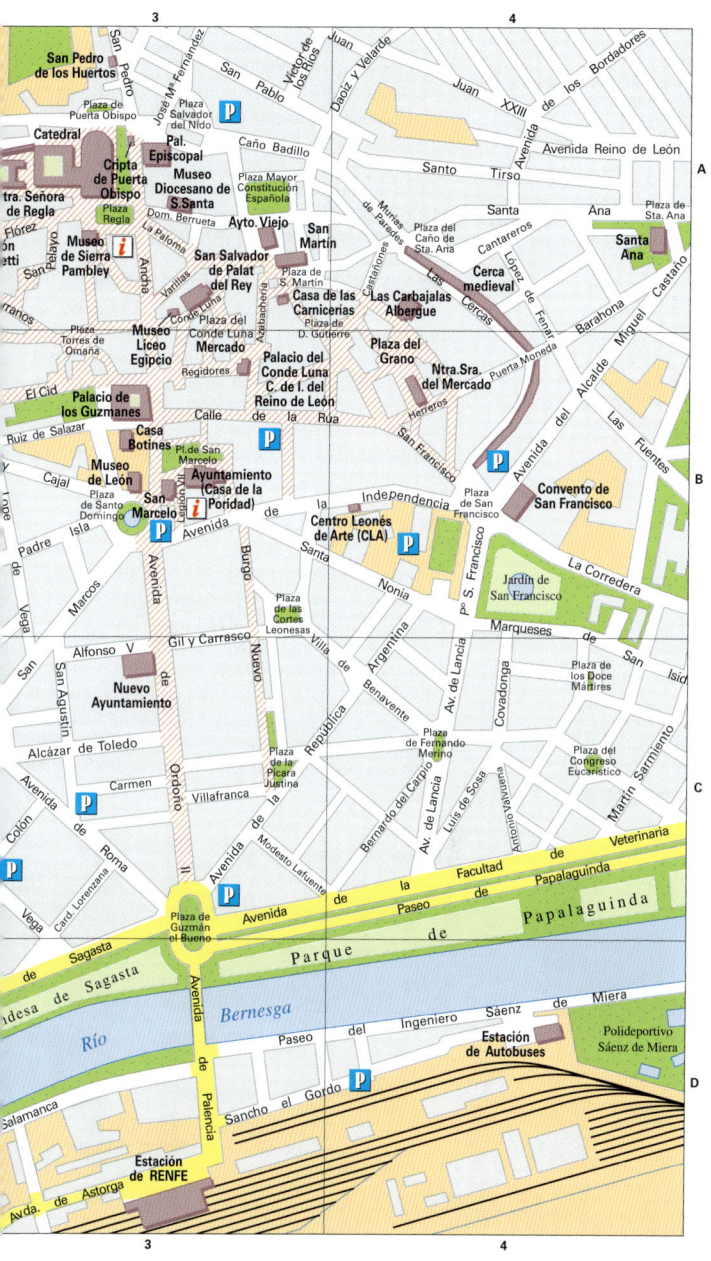

● ● ● ● ● ● ● ● ●

D2
Hostal de San Marcos
✉ Plaza de San Marcos, s/n.
☎ 987 245 061.
🖥 https://museodeleon.com
🕐 De 10 h a 14 h y de 16 h a
   19 h (en verano, de 17 h a
   20 h); domingo y festivos, de
   10 h a 14 h. Lunes, cerrado.
Anexo Museo de León
📍 https://museodeleon.com

C2
**Iglesia de San Juan
y San Pedro de Renueva**

C2
**Museo de la Emigración
Leonesa**
✉ Avda. Suero de Quiñones, 8.
☎ 673 853 863.
📍 www.museoemigracion
   leonesa.org
🎟 5 €.

B2
Espacio Vías León

(siglos XVI-XVIII) con motivos decorativos de los escultores ya nombrados.

El entorno del Hostal ha cambiado mucho en lo que va de siglo XXI: en el barrio de Eras de Renueva se encuentran el tanatorio municipal, la sede de los servicios administrativos de la Junta de Castilla y León, el **Auditorio Ciudad de León** (► pág. 59) y el edificio del **Museo de Arte Contemporáneo de Castilla y León (MUSAC)** (► pág. 60).

▌ IGLESIA DE SAN JUAN Y SAN PEDRO DE RENUEVA

Para continuar la visita es necesario seguir por la calle Suero de Quiñones, donde se encuentra el **Museo de la Emigración Leonesa**. En Padre Isla se alza la **iglesia de San Juan y San Pedro de Renueva,** obra del siglo XX con reminiscencias renacentistas. Volviendo hacia atrás, la **estación de Matallana,** cabecera de la mítica línea del Hullero y un centro cultural: el **Espacio Vías León**.

▌ REAL COLEGIATA DE SAN ISIDORO ★★
▌ Y PANTEÓN DE LOS REYES

Por las calles de Renueva y Ramón y Cajal se llega a la basílica de San Isidoro. Este edificio es la segunda joya monumental del recorrido, un templo románico construido en el siglo XI, aunque de esta época solo se conserva el Panteón Real, mientras que el resto data del siglo XII. La amplia plaza de San Isidoro, que enmarca la iglesia, permite ver con perspectiva sus dos **pórticos,** el del Perdón, que guarda algunas semejanzas con el Pórtico de la Gloria de Santiago de

SAN ISIDORO

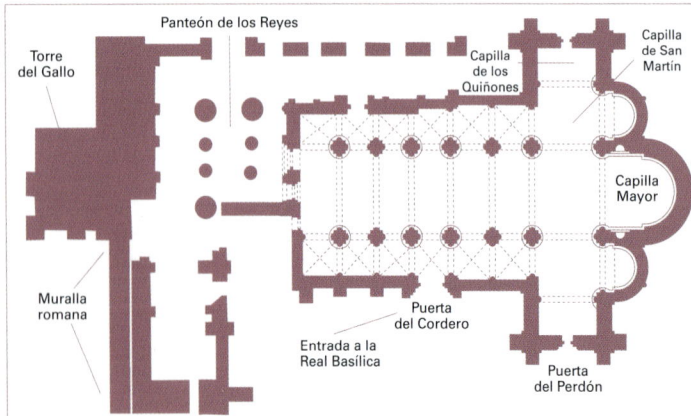

El gallo veleta de San Isidoro

Una de las más curiosas historias ocurridas en León en tiempos recientes tiene como protagonista al gallo que coronaba la veleta de la torre de San Isidoro. Lo que comenzó como una simple restauración de la pieza en el año 2000, se convirtió en un auténtico «caso policíaco» en el que participaron científicos, historiadores, biólogos, expertos en carbono 14, etc...

La vida del gallo ha sido muy azarosa. Los expertos databan la pieza en el siglo XII, ya que la encuadraban dentro de la corriente del románico europeo en la que se coronaban las iglesias con representaciones de este ave. Su simbología religiosa representaba el anuncio de la resurrección. Se sabe que más tarde, en el siglo XIII, las veletas gallo cayeron en desuso en el contexto cristiano, en favor de otros símbolos como ángeles o el cordero pascual. La comparación, no obstante, con otros gallos románicos de España (como el de la Catedral Vieja de Salamanca) o de iglesias alemanas, puso de manifiesto su peculiaridad y la ausencia de semejanzas. Las primeras sospechas llevaron a los responsables de la restauración a pedir ayuda a expertos de la Universidad, quienes profundizaron en la indagación sobre el polen, la tierra y hasta restos de una abeja que anidó en su interior, adheridos a la veleta. Tras un largo y laborioso camino, en abril de 2004, el estudio de carbono 14 determinó, con un margen de error de unos cuarenta años, que el gallo databa del siglo VII, año 680, cinco siglos antes de las primeras estimaciones.

La pelota vuelve a estar en el tejado de los historiadores: ¿de dónde procede el gallo?, ¿a qué cultura pertenece? Salen nuevas teorías a la luz tras producirse estos hallazgos. Se habla de un origen preislámico, anterior al nacimiento de Mahoma. En esa época los dos grandes imperios son Bizancio y Persia. Según los entendidos, el gallo encaja mejor en el mundo persa y, en concreto, en la conquista de los Santos Lugares por Cosroes II, rey de la monarquía sasánida. Este rey ordenó que en aquel lugar se sustituyeran las cruces que remataban las iglesias por su emblema personal, el gallo dorado. Esa simbología del gallo se traduciría siglos más tarde al cristianismo, en época románica.

Pero como en todos los grandes misterios, cada nuevo descubrimiento abre la puerta a otras incógnitas y cuanto más averiguamos mayor es nuestra intriga. Se hace necesaria una explicación histórica para determinar por qué aparece en León el gallo veleta y por qué en la torre de San Isidoro. Urge averiguar qué significa la palabra que aparece inscrita en el cono soporte de la veleta: BERLANAZ, que según todos los indicios no es un patronímico aunque no se descarta que se trate de una firma. Hay que contrastar pólenes y datos arqueológicos en Oriente y conviene indagar en museos como los de Teherán, Estambul, El Cairo o Jerusalén, para comparar el gallo con otras piezas metálicas del arte sasánida, bizantino e islámico.

● ● ● ● ● ● ● ●

⊘ B2
Real Colegiata de San Isidoro, Museo de San Isidoro y Panteón de los Reyes
✉ Plaza de San Isidoro, 4.
☎ 987 876 161.
🖥 www.museosanisidoro
deleon.com
⊘ Basílica: de lunes a sábado de 10 h a 21.30 h; domingo de 10 h a 22 h. Museo y Panteón Real: de martes a sábado, de 10 h a 14 h y de 17 h a 20 h; domingo y festivos de 10 h a 14 h. Visitas guiadas previa reserva.
💶 5 € (museo y Panteón Real). Gratuita (basílica).

Compostela, y la **puerta del Cordero,** que debe su nombre al cordero místico que aparece bajo su arco, donde se representa el sacrificio de Isaac, escena flanqueada por San Isidoro y San Pelayo. La parte superior ofrece un remate renacentista que pone el contrapunto a la sobriedad románica.

El interior tiene una iluminación que invita al recogimiento. La nave central es mucho mayor que las laterales. La **capilla mayor** es un bello ejemplo de arte gótico y guarda una urna de plata donde se custodian los restos de San Isidoro de Sevilla, a quien se consagra el templo.

Pero la parte de la basílica que ofrece mayor interés la constituye el **Panteón Real,** al que se accede por una puerta contigua a la fachada (visita guiada integrada en la visita al museo). El panteón es una pequeña y sencilla cripta donde están enterrados numerosos reyes y nobles leoneses. Lo más interesante son sus impresionantes **frescos románicos,** que representan escenas del Nuevo Testamento, de gran colorido y expresividad; es especialmente llamativa la *Adoración de los pastores.* Además de los motivos sacros, hay curiosas escenas de la vida cotidiana de la época, como la descripción de los trabajos agrícolas en las diferentes épocas del año. Tal es la importancia de estos frescos dentro del contexto del arte románico, que al Panteón Real se le ha llegado a llamar la «Capilla Sixtina» de la pintura de este periodo.

La visita al panteón de los Reyes es el colofón a un recorrido guiado que, tras la finalización de las

obras de rehabilitación del conjunto (prevista para 2024), además de la basílica y el panteón, incluirá los espacios circundantes que conforman el nuevo **Museo de San Isidoro,** que triplica casi el espacio expositivo de la Real Colegiata. Hasta ahora se podía visitar solo el espléndido **claustro,** que se debate entre lo románico y lo renacentista; el **tesoro,** con piezas de gran interés como la *Arqueta de los marfiles* y la de los *esmaltes de Limoges* (siglo XIII), y la **biblioteca** poblada de incunables y códices de gran valor, como una biblia del siglo X. La ampliación y reorganización museográfica permite ahora, además, contemplar el *Cáliz de doña Urraca* (siglo XI) en una sala especialmente habilitada para exponer la que podría ser (según estudios recientes) la copa utilizada por Cristo en la Última Cena. También se podrán visitar la **escalera** renacentista, el **adarve de la muralla** o las **galerías altas del claustro,** además de poder verse piezas de incalculable valor no expuestas actualmente. Una parte del conjunto, la antigua Casa de Espiritualidad, ya fue habilitada como hotel, con sus habitaciones mirando al claustro o a la muralla.

I PALACIO DE LOS GUZMANES   ✱

Saliendo de San Isidoro y dirigiéndose por la calle del Cid hacia la plaza de San Marcelo, se abre un curioso rincón monumental de grandes contrastes. En este lugar conviven edificios de muy diferentes épocas y de los más diversos estilos, creando un auténtico mosaico histórico-artístico. Lo primero que

◄ ▲ Real Colegiata de San Isidoro: Pantocrátor de la bóveda del Panteón Real, vista general de la colegiata y detalles de la puertas del Cordero y del Perdón.

• • • • • • • • • • •

🅱 B3

Palacio de los Guzmanes

✉ Plaza de San Marcelo, 6.

☎ 987 292 101 / 146 / 204.

🕐 Visita guiada de miércoles a domingo. Patio, galería y fachada (45 min.): 10.30 h y 12 h. Patio, galería y salón de plenos (45 min): 17.15 h y 18.45 h.

💶 Gratuita.

se ve es el renacentista palacio de los Guzmanes, un bello edificio señorial construido por el arquitecto Gil de Hontañón y que data del siglo XVI. Llama la atención lo armonioso de la línea de su **fachada,** sus sillares perfectos de piedra blanca, la **rejería** de sus ventanas y el enorme **portón** custodiado por dos guerreros esculpidos en piedra.

En el interior alberga un pequeño patio o **claustro** de una soberbia elegancia, cuyo piso superior, al que se accede por una escalera noble, está cerrado por ventanales y rematado con interesantes **vidrieras.** En la actualidad, este palacio es la sede de la Diputación Provincial de León y suele acoger exposiciones temporales.

EDIFICIO PALLARÉS. MUSEO DE LEÓN

Desde 2007 alberga el **Museo de León,** que contiene una de las mejores colecciones epigráficas romanas de todo el país. La sucesión de estilos, del mozárabe al renacentista, es muy interesante y ofrece algunas piezas de gran interés. Entre las románicas hay que destacar el **calvario de Corullón,** conjunto excepcional formado por Cristo (talla que se presenta sin brazos ni cruz), la Virgen y San Juan, que procede de la iglesia de San Miguel de Corullón y fue tallado posiblemente entre los siglos XI y XII, y

● ● ● ● ● ● ● ●

◷ B3
Museo de León
✉ Edificio Pallarés. Plaza de Santo Domingo, 8.
☎ 987 236 405.
🖥 https://museodeleon.com
◷ De 10 h a 14 h y de 16 h a 19 h (en verano, de 17 h a 20 h); domingo y festivos, de 10 h a 14 h. Lunes, cerrado.

◀ Casa Botines, a la izquierda, y palacio de los Guzmanes, sede de la Diputación Provincial de León, a la derecha.

el **capitel de los ocho Apóstoles,** preciosa pieza en la que se muestran agrupados a los Apóstoles. También es destacable la **cruz de Peñalba de Santiago**.

El museo dispone de dos anexos además de su sede: el monumental, ubicado en el conventual de San Marcos, y el arqueológico, en la **villa** romana de **Navatejera**, a escasos kilómetros de la ciudad.

I CASA BOTINES

El efecto de contraste antes mencionado se hace muy visible al acercarse al contiguo edificio, conocido como Casa Botines. El proyecto fue obra del genial arquitecto catalán Antonio Gaudí, cuya concepción arquitectónica queda muy patente, aunque en este edificio de corte neogótico, su fantasía parece contenida, adaptada al contexto del lugar en que se intervino (es uno de los pocos proyectos del arquitecto fuera de Cataluña), sin perder por ello ni un ápice de su originalidad.

El edificio está construido en piedra y rematado por un tejado de pizarra. Hasta 1992 mantuvo su función originaria, la de casa de vecinos; luego fue sede de una entidad financiera y desde el año 2017 funciona como museo. En la plaza, una escultura de Gaudí observa, sentado en un banco y con talante sereno, su obra.

B3
Museo Casa Botines
Plaza de San Marcelo, 5.
987 353 247.
www.casabotines.es
De lunes a domingo de 10 h a 21 h.
Entrada: 7 €.

● ● ● ● ● ● ● ●

🕐 B3
Iglesia de San Marcelo
✉ Legión VII, 3.

▌ IGLESIA DE SAN MARCELO　　✱

Al otro lado de la plaza se alza la iglesia de San Marcelo. Cuenta la leyenda que allí vivió el legionario Marcellus, que fue degollado en el siglo III tras su conversión al cristianismo, convirtiéndose así en mártir cristiano. La iglesia es la más antigua de la ciudad (siglo X). Destruida por Almanzor, lo que ahora se ve es la reconstrucción herreriana de los siglos XVI-XVII, llevada a cabo por Baltasar Gutiérrez y Juan del Rivero. Presenta planta de cruz latina y cúpula. El **retablo** del altar mayor es barroco, con bellas tallas como la de **San Marcelo,** obra de Gregorio Fernández.

● ● ● ● ● ● ● ●

🕐 B3
Palacio de la Poridad (Ayuntamiento Viejo). Palacio de Torreblanca

▌ PALACIO DE LA PORIDAD Y
　PALACIO DE TORREBLANCA

También en la misma plaza cabe reseñar el **palacio de la Poridad,** mansión renacentista que fue casa consistorial y ahora alberga el Archivo Municipal de la ciudad. En su interior destacan las vidrieras de Zurdo. Frente a él se alza el **palacio de Torreblanca** (siglo XVII), que ha sufrido innumerables avatares y en la actualidad es sede de una sociedad privada.

　Abandonando la plaza de San Marcelo se llega por la Calle Ancha a la catedral. Frente a su fachada

▼ Plaza de San Marcelo.

principal se encuentra el **Museo Sierra Pambley**, todo un foco cultural leonés de agradable visita.

En el otro extremo, frente a la fachada sur, se ubica la **cripta de Puerta Opispo**, con restos arqueológicos del campamento de la Legio VII Gémina: la *Porta principalis sinistra* y las termas.

▪ CATEDRAL ★★

La catedral es, sin ningún género de dudas, la joya arquitectónica de la ciudad de León. Se dice de ella que es la representación española más genuina de su estilo, emparentado por línea directa con el más puro gótico francés, hasta el punto de que los investigadores llegan a afirmar que se imita en su construcción la planta de la catedral de Reims, reduciendo la escala y acortando la longitud. Este hecho es una muestra más de la importancia del Camino de Santiago, en el que el templo se encuentra enclavado, como dinamizador del intercambio de culturas. Su construcción se inició en el siglo XIII y en el XIV había finalizado, lo cual se considera un espacio breve de tiempo para la época y en parte explica su gran unidad arquitectónica y pureza de estilo.

La planta de la iglesia es de cruz latina, con tres naves que se convierten en cinco en el crucero. La

· · · · · · · ·

🕐 A3
Museo Sierra Pambley
✉ Sierra Pambley, 2.
☎ 987 229 369.
🌐 www.sierrapambley.org

🕐 A3
Cripta de Puerta Obispo
✉ Plaza de Puerta Obispo, s/n.
☎ 987 878 238.
🎟 Entrada gratuita.

· · · · · · · ·

🕐 A3
Catedral
✉ Plaza de Regla, s/n.
☎ 987 875 770.
🌐 www.catedraldeleon.org
🕐 De lunes a viernes de 9.30 h a 13.30 h y 16 a 20 h. Claustro cerrado los lunes. Sábados, consultar en el monumento: Domingo y festivos de 9.30 h a 11.30 h y de 15 h a 20 h.
🎟 Catedral y claustro: 7 €.

cabecera está formada por una girola que se abre a siete capillas que presentan, cada una, diferentes formas geométricas.

El exterior resulta de gran hermosura por su concreción de formas y por el sutil tejido que fabrican sus contrafuertes, pináculos, torres y rosetones. La perspectiva más sorprendente es la posterior, donde se puede contemplar la cabecera del templo, con su extraña cobertura. La fachada norte quedó cegada por la construcción posterior del claustro anejo. La portada o **fachada principal** es un juego de contrastes entre las altísimas torres asimétricas, que le confieren un cierto aspecto de rigidez, y la fachada que queda en medio y que es un gran ejercicio de refinamiento y esbeltez.

Las tres **puertas** que dan acceso al templo son de gran interés escultórico. En el centro se abre la **puerta de Nuestra Señora la Blanca,** llamada así por la hermosa imagen de la Virgen Blanca que se halla en el parteluz (es una réplica de la original que se encuentra en el interior). En el tímpano hay hermosas figuras de santos y apóstoles y una escena sobrecogedora que representa el Juicio Final con gran expresividad. La puerta de la izquierda tiene su tímpano dedicado a escenas de la vida de Jesús, mientras que la de la derecha se sirve de temas marianos para su decoración, además de hermosas estatuas en sus jambas.

Al acceder al interior se tiene una sensación de vacuidad y de amplitud, de estar inmersos en una obra humana que tiende a la espiritualidad. Más que comprobar racionalmente lo que es el arte gótico se puede sentir una arquitectura hecha de luz y de aire, la representación de lo espiritual humano, la creación material de lo intangible.

Lo trabado, lo confuso, la madeja de contrafuertes y arbotantes que se contempla afuera se traduce en el interior en pura ligereza. Los muros ceden a la luz de las **vidrieras** y las cúpulas remiten su peso al exterior a través de esbeltos pilares, nudos y nervios. La sensación original de vacío se ha ido turbando con el paso de los siglos y la acumulación de nuevos elementos como el **coro** no permite tener lo que debía ser una visión casi total de ese espacio, desde la puerta a la girola. Los añadidos, claro está, tienen su interés artístico y, a la vez que hurtan esa sensación original, aportan otro tipo de sensaciones.

El coro posee sitiales góticos de nogal tallados por artistas flamencos con figuras de apóstoles, santos, personajes mitológicos y escenas burlescas. De

▶ Catedral de León.

CATEDRAL DE LEÓN

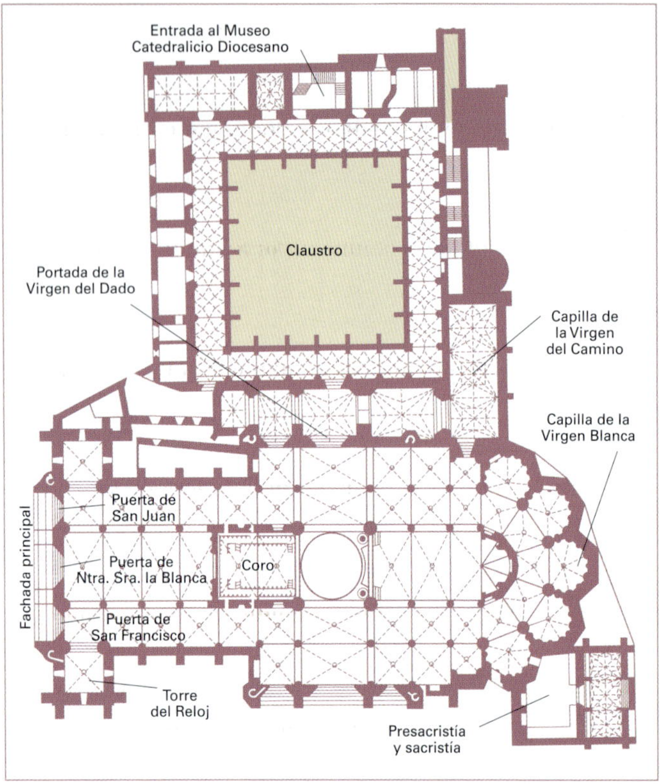

Entrada al Museo
Catedralicio Diocesano

Claustro

Portada de la
Virgen del Dado

Capilla de
la Virgen
del Camino

Capilla de la
Virgen Blanca

Fachada principal

Puerta de
San Juan

Puerta de
Ntra. Sra. la Blanca

Coro

Puerta de
San Francisco

Torre
del Reloj

Presacristía
y sacristía

gran belleza es el trascoro renacentista, con sus medallones de alabastro, obra de Esteban Jordán. La **capilla mayor** está rodeada de una reja plateresca y encierra un **retablo mayor** con notables pinturas de Nicolás Francés del siglo XV. Los restos de San Froilán, patrón de León, se guardan en una urna de plata al pie del altar.

Son también de interés las múltiples **capillas** que rodean la iglesia y que contienen numerosas tumbas y obras de arte. En el lado norte se encuentra el **claustro**, trazado en el siglo XVI por Juan de Badajoz, con elementos góticos y platerescos. En sus muros se conservan frescos muy deteriorados, y diversos sepulcros.

A la parte superior se accede por una **escalera plateresca** donde se encuentra la **Sala Capitular** y el **Museo Catedralicio,** que guarda tesoros de

· · · · · · · ·

⏱ A3

Museo Catedralicio

✉ Plaza de Regla, s/n (catedral).

☎ 987 875 767.

💻 www.catedraldeleon.org

⏱ De martes a sábado de 9.30 h a 13.30 y de 16 h a 20 h; domingo y festivos de 10 h a 13 h y de 15.30 h a 20 h.

💶 5 € (completa), 3 € (parcial).

Las vidrieras de la catedral

Si la arquitectura de la catedral de León emparenta a esta con la de Reims, sus vidrieras solo son comparables en importancia con las de la catedral francesa de Chartres. No todas las vidrieras que se pueden ver son góticas sino que muchas fueron realizadas o rehechas en siglos posteriores (XIV, XV e incluso XIX). No obstante, sí son góticas las directrices de todas ellas, sobre todo del plan iconográfico que sigue el conjunto de la obra y que está inmerso en una perspectiva absolutamente medieval; de tal modo que los ventanales más bajos tienen una temática vegetal como clara alusión a la naturaleza, a lo telúrico; la parte intermedia –el triforio– está dedicado al mundo humano, representado por motivos heráldicos y diversas escenas figurativas como metáfora del dominio del hombre sobre el mundo; por último, las vidrieras de la nave mayor hacen referencia a lo divino, un conjunto de personajes sagrados que habitan la región celeste. Sobre todos ellos, en el rosetón central de la capilla mayor, el Señor lo preside todo como luz del mundo.

Muchos fueron los vidrieros que trabajaron en la catedral a lo largo de los siglos y de muchos se guarda documento de autoría. Estos maravillosos cristales policromados tienen una particularísima recepción de la luz, que es lo que les aporta su especial brillantez. Los expertos, contra lo que pudiera parecer, aconsejan observarlas en días nublados, ya que se aprecia mejor su colorido que en aquellos de luz muy intensa.

diferentes épocas, como esculturas románicas (siglos XII y XII), telas, piezas de orfebrería, un armario mudéjar, pinturas del Renacimiento, diplomas reales (entre ellos, uno del año 775, firmado por el rey Silo), marfiles, códices medievales miniados o una escultura impresionante del Crucificado, obra del insigne artista Juan de Juni.

ITINERARIO COMPLEMENTARIO: LEÓN ANTIGUO

Se llega ahora al León antiguo, la zona más invisible, donde se encierran las pequeñas joyas que pueden pasar inadvertidas para el viajero presuroso o que se conforme con visitar solo los grandes monumentos. El consejo es realizar también este itinerario si verdaderamente se quiere conocer a fondo la ciudad y sus gentes desde todas las perspectivas.

I ARCO DE LA CÁRCEL

El itinerario empieza en la plaza del Espolón, frente a la cual se abre en la muralla medieval el **arco de la Cárcel,** una de las once puertas que tuvo la ciudad. A un lado del arco se encuentra el edificio que le da nombre, el antiguo penal de la ciudad, hoy **Archivo Histórico Provincial.**

En la casona de Puerta Castillo, al otro lado del arco, se encuentra el interesante **Centro de Interpretación del León Romano.** En este ámbito se alojó un curioso grupo escultórico de Eduardo Arroyo, no exento de polémica y contestación ciudadana.

I IGLESIA DE SANTA MARINA LA REAL ✱

Si se avanza por la calle Serranos se desembocará en un ensanche que permite apreciar la iglesia de Santa Marina la Real, construida en 1571. Este templo renacentista de grandes dimensiones, que antes fue capilla del gran colegio de los jesuitas, guarda algunas sorpresas como la de poder contemplar una de las obras más interesantes de Juan de Juni, el grupo escultórico de la *Virgen del Rosario,* así como bellas pinturas. Continuando por la misma calle hasta la plaza de Torres de Omaña, se pueden ver numerosas puertas y balcones blasonados, vestigios de un pasado noble y de los múltiples palacios de los linajes ilustres de la urbe.

Siguiendo por Pablo Flórez se llega al interesante museo de la **Fundación Vela Zanetti,** que expone una muestra muy significativa de este pintor y muralista (1913-1999), leonés de adopción.

I IGLESIA DE SAN SALVADOR DE PALAT DEL REY

En la plaza del Conde Luna se levanta la iglesia de Palat del Rey, que se remonta al siglo IX y que es una de las más singulares de la ciudad. Su nombre se debe a que aquí se situó el palacio del rey Ramiro II. Se accede a ella a través de un **ábside** y tiene

---

· · · · · · · · ·
🕐 A2
Arco de la Cárcel

· · · · · · · · ·
🕐 A2
Archivo Histórico Provincial
✉ Pl. de la Puerta Castillo, s/n.

Centro de Interpretación del León Romano
✉ Plaza de la Puerta Castillo.
☎ 987 878 238.

· · · · · · · · ·
🕐 A2
Iglesia de Santa Marina la Real
✉ Serranos, 20.

· · · · · · · · ·
🕐 A3
Fundación Vela Zanetti
✉ Plaza Corral de Villapérez, s/n.
☎ 987 244 121.
🌐 https://fundacionvela zanetti.es
🕐 De martes a viernes de 10 h a 13 h y de 17 h a 20 h; sábado de 11 h a 13 h y de 17 h a 20 h.
🎫 Entrada gratuita.

· · · · · · · · ·
🕐 A3
Iglesia de San Salvador de Palat del Rey
✉ El Pozo, s/n.
🕐 Horario variable según exposición.

un crucero sobre arcos; el altar mayor conserva un **retablo** del siglo XVI.

Junto a la iglesia se encuentra el **palacio de Gaviria**, construido por Cibrián de Cadenas en 1639. En él se ha instalado el **Museo Liceo Egipcio**, dedicado al estudio y difusión de la tradición egipcia y del Próximo Oriente en el mundo occidental.

La plaza del Conde Luna acoge también un **mercado** cerrado de gran tradición en la ciudad y el antiguo **palacio del Conde Luna,** con un torreón

▲ La plaza del Grano conserva su suelo empedrado.

• • • • • • • •

A3
Museo Liceo Egipcio
✉ Palacio de Gaviria.
Conde Luna, 6.
☎ 987 050 013.
🖰 www.museoliceoegipcio.es

• • • • • • • •

🕐 B3
**Centro de Interpretación
del Reino de León.
Palacio del Conde Luna**
✉ Plaza del Conde Luna, s/n.
📞 987 216 794.
🕐 De lunes a viernes de 10 h a
21 h; sábado de 10 h a 14 h
y de 17 h a 20 h; domingo y
festivos de 10 h a 14 h..
🎫 Entrada gratuita.

• • • • • • • •

🕐 B4
**Iglesia de Santa María
del Mercado**
✉ Herreros, 10.
📞 987 251 159.
🕐 Se puede visitar antes y
después de las misas, que
son de lunes a domingo a
las 11.30 h y a las 19.30 h.

renacentista del siglo XVI y una fachada gótica del XIV. Rehabilitado en 2010 tras años de abandono, en la actualidad funciona como **Centro de Interpretación del Reino de León.**

Descendiendo por la calle Rebolledo se llega hasta la **calle de la Rúa.** Lo que hoy es una pequeña y estrecha calle comercial, fue en el siglo XV una ilustre vía en el camino de los peregrinos a Compostela. Su nombre antiguo era rúa de los Francos o de los Franceses.

❙ IGLESIA DE SANTA MARÍA DEL MERCADO ✳

Al final de esta calle se llega a la iglesia de Santa María del Mercado. Se dice que, después de la catedral y San Isidoro, este es el templo más importante de la ciudad, por su antigüedad, su historia, su arte y su tradición. Es, sin duda, la iglesia leonesa más emparentada con el Camino de Santiago. Construida en el siglo XII, de estilo románico, Mariano D. Berrueta, importante cronista de la ciudad, la describe en su *Guía del caminante* diciendo que tiene «forma de tumba por su disminución de ancho entre la cabeza y los pies» y añade: «Ábsides preciosos, de tambor; profusión de ajedrezado bizantino; capiteles

Genarín: la leyenda del santo bebedor

Cuenta la historia que Genaro, un conocido pellejero, aficionado al orujo y los prostíbulos, fue atropellado y muerto por el primer camión de la basura que hubo en León, un Jueves Santo de 1929, mientras evacuaba aguas junto a la muralla de los Cubos. Esta tragicómica anécdota real es el inicio de una de las tradiciones paganas más curiosas de tiempos recientes en España. La noticia debió alentar la imaginación esperpéntica de cuatro bohemios que, a partir de ella, urdieron toda una liturgia centrada en la trágica suerte del vagabundo. Tales personajes, de dispar procedencia, fueron los verdaderos evangelistas del santo. A partir de esa fecha, todos los Jueves Santos, una ronda de fieles, exigua al principio y numerosísima en la actualidad, recorre en procesión la ciudad antigua para recordar a este personaje local, borrachín y pendenciero, hasta llegar al cubo exacto de la muralla en que halló la muerte, donde se le dejan como presentes una corona, queso, naranjas y su inseparable orujo. La procesión tiene varias paradas en las que se leen romances y loas, compuestos en honor de Genarín y que relatan su vida y milagros. Eso sí, después de reunirse los prebostes de la cofradía en la concelebración de la última cena, a base de bacalao, plato preferido del maestro. El ritual crecía y adquiría fama, no sin problemas, ya que las gentes «bienpensantes» veían en esta procesión una burla de las celebraciones cristianas de la Semana Santa. Hasta tal punto, que llegó a estar prohibida y los participantes clandestinos medievales, aire de rancia y fuerte solera. Bóvedas de cañón, arcos peraltados, ventanas redondas, rejas tupidas magníficas, columnas con garras en el plinto, cabezotas en capiteles robustos, impostas con círculos enlazados, aleros con modillones...». Para terminar afirma: «... aunque algo deformado por las restauraciones de los siglos XVI y siguientes, aún mantiene todo su prestigio histórico y artístico con regia arrogancia.»

I PLAZA DEL GRANO ✱

Allí mismo está la plaza más bella de la ciudad: la plaza del Grano, como todo el mundo la conoce, o de Santa María del Camino, que es como aparece en los callejeros. Su nombre popular se debe a que en esta plaza se celebró el mercado de cereales y verduras hasta 1666. Este es un lugar que posee una magia especial. Es una plaza porticada en parte y conserva algunas edificaciones de tipo tradicional. Su suelo adoquinado nos traslada a la época medieval. Hay una enorme **fuente** de piedra con dos angelotes que representan el abrazo de los ríos –Torío y Bernesga– que riegan la ciudad, plantada aquí en el siglo XVIII y flanqueada por dos enormes

▲ Palacio del Conde Luna.

- - - - - - - -

⏺ B4
Plaza del Grano
✉ Plaza Santa María del Camino.

de la liturgia tuvieron problemas con las autoridades civiles y eclesiásticas. Con la llegada de la democracia el mito se reaviva y, a principios de los ochenta del pasado siglo, el escritor Julio Llamazares recoge en su obra *El Entierro de Genarín: Evangelio apócrifo del último heterodoxo español,* un semblante completo del santo laico y una descripción de toda la parafernalia que rodeó su muerte.

El entierro de Genarín entronca con la larga tradición de rituales y ceremonias con que el pueblo ha combatido siempre los rigores religiosos y que tiene algunas de sus manifestaciones más notables en las *Lupercales* y *Saturnales* romanos, en la *Cuaresme Prenant* que nos narra Rabelais, en las innumerables copias de la *Coena Cyprianni* o fiestas de locos, nacidas de la risa popular y las celebraciones paganas medievales y, sobre todo, en el Entierro de la Sardina que cierra cada año las Carnestolendas. Pocos son ya los que niegan que este testimonio escrito ha sido el auténtico espaldarazo para hacer casi universal la historia de este ser peculiar y de sus, no menos curiosos, evangelistas.

Así todo, cada Jueves Santo, la polémica local no cesa. Por un lado no faltan quienes siguen criticando y abochornándose de esta celebración y quienes, por otro lado, opinan que se ha desvirtuado el espíritu original de la salmodia, para convertirse en una mera pantomima. Entre la postura pacata y la purista, cada año son miles de personas las que mantienen vivo el legado y las que se acercan al abrigo bufo y vitalista de las enseñanzas de Genarín, cuya iglesia es la calle, cuyos discípulos son las gentes y cuyo reino es el espíritu del arrabal de la ciudad perdida.

árboles que le dan un aspecto solariego. Delante de la iglesia un **crucero** recuerda que este lugar fue hito del camino. Al otro lado, el paredón del **convento de las Carbajalas** –actualmente **albergue de peregrinos** y hotel coqueto con el nombre de *Hospedería Monástica Pax*– completa el cuadro. En la plaza reina un silencio que agradece quien se acerca a pasear o a contemplar la bella estampa de este lugar congelado en el tiempo. Esa paz solo se rompe en días especiales como el de *San Froilán,* cuando se llena de carros engalanados y se comen morcillas y chorizos, o el Jueves Santo, cuando termina aquí la procesión pagana de *Genarín;* entonces la plaza es una fiesta que recuerda lo que debieron ser las multitudes medievales, su bullicio y sus comercios.

▎PLAZA E IGLESIA DE SAN MARTÍN   ✱

Subiendo por la angosta calle de Don Gutierre, en otro tiempo conocida por sus numerosas casas de prostitución, se sale a la plaza del mismo nombre. Aquí se ve el muy deteriorado **palacio de Don Gutierre,** del siglo XIV y que aún conserva su blasón.

Las callejuelas estrechas, como la de Zapaterías, llevan a la plaza de San Martín, corazón del famoso Barrio Húmedo. Lo que ayer fue la plazuela de las tiendas, el barrio de gremios y oficios, como aún declaran los nombres de algunas de sus calles, hoy es el centro de ocio más habitual: bares, diurnos y nocturnos, mesones y restaurantes se agolpan, una puerta sí y otra también, para ofrecer a los oriundos y foráneos buenos vinos y mejores viandas. Entre los edificios de la plaza destaca la **casa de las Carnicerías,** antigua lonja municipal construida en el siglo XVI y sede durante 2018 de *León Capital Española de la Gastronomía.*

⏱ A-B4
Convento de las Carbajalas. Albergue y **Hospedería Monastica Pax**

⏱ A3
Plaza e **iglesia de San Martín**

⏱ A3
Casa de las Carnicerías
✉ Plaza San Martín, 1.

Para llegar a la cercana Plaza Mayor se puede ir por la curiosa y muy conocida **calle de Matasiete** donde, según cuenta la leyenda, hubo muertos en una reyerta entre desleales y partidarios del rey. Si se opta por la calle Plegaria se puede contemplar la **iglesia de San Martín**, que existe desde el siglo XI, pero que, como muchas iglesias antiguas, es una amalgama de estilos: desde el ábside románico hasta partes del siglo XVI y, sobre todo, la reconstrucción del XVIII. En el interior se pueden contemplar tallas y esculturas de apreciable valor artístico, como la imagen de la *Piedad* de Luis Salvador Carmona o una cruz procesional, obra del platero Candanedo.

▲ El edificio Mirador, o antiguo Consistorio, en la Plaza Mayor, se edificó sobre la antigua casa de las Panaderías.

I PLAZA MAYOR ✳

A pocos pasos se halla la Plaza Mayor, amplia y porticada, obra del siglo XVII, al parecer construida a imagen y semejanza de la homónima plaza de Madrid. Su aspecto es más modesto y castizo que la actual de la capital y, quizás, ahí resida su encanto. Los entendidos afirman que bajo ella hay tal cantidad de tesoros arqueológicos, como ocurre en toda la parte antigua de León, que las instituciones pertinentes no disimulan un cierto temor a iniciar obras más contundentes. La plaza ha mostrado distintas fisonomías, y tuvo una fuente de Neptuno en el centro, que hoy está en el jardín de San Francisco. También sufrió un incendio en 1946 que destruyó todo el ala este. En la cara opuesta está el **antiguo Consistorio,** un curioso edificio, también conocido como Balcón de la Ciudad, que apenas tiene fondo y que era el lugar desde el que las autoridades presidían los festejos y los actos públicos, pues este espacio fue coso taurino, lugar de ejecuciones y escenario de los fastos de la Corte isabelina.

⊙ A3
Plaza Mayor

⊙ A3
**Antiguo Consistorio
(Edificio Mirador)**

▲ Cubos de la antigua
muralla romana.

....
🕐 A2-B2
Murallas

....
🕐 A2
**Iglesia de San Pedro
de los Huertos**
✉ San Pedro, 15.

....
🕐 A2
Avenida de los Cubos

En esta plaza se tomaba el pulso de la ciudad hasta tiempos bastante recientes. Con todo, el lugar no ha perdido su componente vital. No es una de esas plazas de «mírame y no me toques», bien al contrario, aún se celebran en ella –cada miércoles y sábado– los mercados semanales de frutas y verduras, y es en esos días cuando adquiere su verdadera dimensión como lugar de reunión de gentes de toda la ciudad y de campesinos llegados de las huertas de la provincia. Ese encuentro provoca un coloreado bullicio de cotidianeidad que, a buen seguro, reconfortará a cualquier visitante.

AVENIDA DE LOS CUBOS (MURALLAS)

Al salir de la Plaza Mayor por una de sus discretas esquinas, la que lleva a las calles Caño Badillo y Serradores, al encuentro de las murallas de la ciudad, lo primero que se halla es la señorial **torre de los Ponce** o del Obispo, que fue cárcel eclesiástica. Aquí ya se puede ver (más bien intuir, pues varios edificios se adosan delante de ella) el primer tramo conservado de muralla. Subiendo por la calle Serradores y pasando por la parte posterior de la catedral aparece de nuevo la larga hilera de la muralla. Antes, de reojo, se puede echar un vistazo a la modesta **iglesia de San Pedro,** una joya a la que se presta poca atención y que no suele aparecer en las guías. Es antiquísima, probablemente anterior a la catedral con la que contrasta por su sencillez, ya que es una típica iglesia de labradores. Conserva algunas pinturas de los siglos XVI y XVII.

La conocida **avenida de los Cubos** debe su nombre a los cubos cilíndricos que unen el lienzo de la muralla. El fragmento que se ve es medieval, pero está construido sobre el trazado de la antigua muralla romana. En el medievo se llegaron a construir unos 80 cubos de este baluarte defensivo, frente a los embates del temido Almanzor. Hoy quedan menos de la mitad y sufren la invasiva adhesión de construcciones posteriores. Algunos lo consideran un insulto al patrimonio histórico y, desde luego, estéticamente es deplorable, pero hay que pensar que ese hecho forma parte también de la historia de la ciudad. La vida cotidiana se pega a la piedra como al musgo y despegar sus raíces no es tan sencillo. Lo que hoy es el centro de la ciudad fue, en otro tiempo, el arrabal de San Lorenzo, la marca en la que comenzaba la miseria. Pero retomando la visita, a lo largo del paseo entre la catedral y, de nuevo, el arco de la Cárcel puede verse en varios tramos el trazado de la muralla con toda nitidez.

EL ENSANCHE: LA CIUDAD NUEVA

❘ PLAZA DE SANTO DOMINGO

A caballo entre los siglos XIX y XX, hace ya más de cien años, la ciudad rompió su cerco, dejó el estrecho corsé amurallado y buscó crecer hacia el río. La plaza de Santo Domingo es el punto neurálgico y, quizás, el ya citado edificio Casa Botines, de Antonio Gaudí, el símbolo arquitectónico de este crecimiento. La plaza fue el escaparate para levantar edificios modernos, como el de los almacenes Pallarés en 1923 (hoy Museo de León), el **casino** en 1924, o el antiguo **hotel Oliden** (hoy Alfonso V) del año 1928.

❘ GRAN VÍA DE SAN MARCOS-ERAS DE RENUEVA

De esta plaza, adornada con una fastuosa **fuente,** parten las avenidas más importantes, como la Gran Vía de San Marcos, que la comunica con el hostal del mismo nombre y que cruza la plaza de la Inmaculada.

Siguiendo por esta plaza, alcanzamos San Marcos, donde se abre el barrio de las Eras de Renueva, una de las más modernas zonas residenciales y por donde la ciudad crece sin cesar en los últimos años.

En este punto nos encontramos, a un costado del Parador, el vistoso **Auditorio Ciudad de León,** obra de los arquitectos Tuñón y Mansilla, inaugurado en el año 2002. Un prodigio de funcionalidad y belleza que fue acreedor del Premio de Arquitectura Española 2003. Su fachada blanca compuesta por

🕐 B3
Plaza de Santo Domingo

🕐 C2
Auditorio Ciudad de León
✉ Avda. Reyes Leoneses, 4.
☎ 987 244 663.
💻 www.auditorioleon.com

▼ Auditorio Ciudad de León.

⏱ D1
Museo de Arte
Contemporáneo de Castilla
y León (MUSAC)
✉ Avenida de los Reyes
 Leoneses, 24.
☎ 987 090 000.
🌐 https://musac.es
⏱ De martes a viernes,
 de 11 h a 14 h y de 17 h a
 20 h; sábado, domingo y
 festivos, de 11 h a 15 h y de
 17 h a 21 h.
 Lunes cerrado.
💶 3 €.

ventanas que forman una extraña geometría mini-
malista, complementa ese espacio dominado por el
complejo renacentista del otro lado de la explanada.

La plaza se completa por un lado con el edificio de la **Junta de Castilla y León,** de carácter
institucional y por otro, con el **Edificio Europa,**
que alberga un conjunto de oficinas. En cuanto a
la estética de ambas construcciones, originó cierta
controversia, por resultar algo más discutible que
en los casos señalados anteriormente y levantar
cierta polémica.

Prosiguiendo por la gran avenida de los Reyes
Leoneses, paralela al río, se halla otro peculiar
edificio del mismo equipo de arquitectos, la sede
del **Museo de Arte Contemporáneo de Castilla
y León (MUSAC),** galardonada con el prestigioso
Premio Mies Van der Rohe de Arquitectura contemporánea en 2007. Su extraña estampa seduce al
primer vistazo, una sucesión de edificios contiguos,
fragmentarios pero que producen una sensación de
ambigüedad. La fachada de algunos de ellos, todos
rematados en paredes de vidrio, está compuesta

de colores como un puzle. Estos colores no son gratuitos como no lo era nada en la obra de Tuñón y Mansilla. La justificación de los mismos es que están basados en los peculiares colores de las vidrieras de la catedral. Si pudiéramos ver una imagen aérea del edificio, nos daríamos cuenta de que la planta de esos cubos rotundos, que percibimos ante la fachada, son en realidad, sinuosas naves de gran fondo y armonioso movimiento, en homenaje al aspecto orográfico más característico de la provincia: sus ríos.

Del mismo modo, las largas **avenidas de Ramón y Cajal** y **del Padre Isla,** en honor al ilustre jesuita leonés que escribió la famosa obra *Fray Gerundio de Campazas, alias Zotes,* una sátira contra los malos predicadores, se abren desde el centro hasta los barrios más alejados.

▏AVENIDA DE ORDOÑO II
Es, sin duda, la principal; en ella se encuentra el mayor número de comercios, se ha reubicado el **Ayuntamiento** de la ciudad y se puede ver un mosaico de edificios que relatan los distintos momen-

🕐 B-C3
Avenida de Ordoño II

🕐 C3
Ayuntamiento Nuevo
✉ Avda. Ordoño II, 10.
☎ 987 895 500 .
🖥 www.aytoleon.es

▼ MUSAC. Su fachada multicolor intenta evocar las vidrieras de la catedral.

MUSAC

tos del siglo xx, desde el principio al final del mismo. Viendo fotografías antiguas se puede apreciar cómo ha cambiado esta calle y la ciudad en general: lo que era una sucesión de chalés y huertos es ahora un paisaje eminentemente urbano, comercial que, durante el día, es el centro de la mayor actividad, lugar donde se cruzan los caminos de los afanados trabajadores y los paseantes ociosos. Casi todos los bancos tienen su oficina central en los alrededores, así como los principales despachos, agencias, organismos oficiales, etc.

La calle termina en la **plaza de Guzmán el Bueno,** que celebra la actitud ética del famoso leonés que defendió la plaza de Tarifa aun a costa la vida de su hijo, lo que le valió el sobrenombre de «el Bueno». La estatua recrea el gesto con el que, según la leyenda, Guzmán rechazó el chantaje de los enemigos que cercaban la ciudad, esto es, arrojarles el cuchillo con el que debían llevar a cabo su amenaza. El gracejo popular de los leoneses ha reinterpretado la anécdota y se dice que la postura del héroe, como señalando, parece querer decir: «Si no te gusta León, por ahí se va a la estación», pues en esa dirección se orienta su mano.

Desde esta plaza, puede verse el río Bernesga y los amplios paseos que delimitan sus orillas: el **paseo de Papalaguinda** y el **de la Condesa de Sagasta,** lugares muy frecuentados por los leoneses y zonas estupendas para el paseo con arboledas y jardines; en el primero se puede disfrutar del típico mercadillo o rastro, todos los domingos.

C-D3
Plaza de Guzmán el Bueno

C3-4
Paseo de Papalaguinda

D2-3
Paseo de la Condesa
de Sagasta

▼ Río Bernesga a su paso
por la capital leonesa.

I **SANTA NONIA Y BURGO NUEVO**

Para seguir recorriendo la ciudad nueva, hay que tomar la **calle Santa Nonia** donde se encuentra, como isla en medio de un río, el antiguo **Teatro Emperador,** el que fue gran escenario de la ciudad y que actualmente se está restaurando; también el **Conservatorio de Música** o el famoso edificio de **Correos,** obra de Alejandro de la Sota, muestra de arquitectura experimental.

Al otro lado, la calle Independencia ofrece una breve pero interesante vista de las antiguas murallas. Desde la confluencia de estas dos calles nace la de **Burgo Nuevo,** una de las calles más conocidas y cuyo nombre es muy revelador de la vocación de nueva ciudad comentada anteriormente. Es otra de las calles comerciales por excelencia, ha sido petaonalizada en parte y forma un conjunto lúdico-comercial con las plazas y calles de su entorno: las Cortes, la Pícara Justina o República Argentina.

Hasta aquí la ciudad clásica que, a partir de los años 60 del pasado siglo, ha crecido en todas direcciones formando populosos barrios como El Ejido, San Mamés, San Claudio, entre los más conocidos, o El Polígono 10 y las Eras de Renueva, entre los más modernos.

Los municipios cercanos también han aumentado su población de una manera importante. **San Andrés del Rabanedo,** más allá del río, por ejemplo, se ha convertido en el tercer municipio con más habitantes de la provincia, después de León y Ponferrada.

B3-4
Santa Nonia

B-C3
Burgo Nuevo

▼ Parque de Papalaguinda.

⊙ A-B3
Barrio Húmedo
🔗 https://barriohumedo.com

▼ La calle Ancha es una de las principales arterias por donde transcurre la animada vida leonesa.

ITINERARIOS LÚDICOS

❙ EL BARRIO HÚMEDO

Sería extraño que algún viajero se acercase a la capital de León sin haber oído hablar de este barrio castizo de la ciudad, que con su nombre lo dice todo. La **plaza de San Martín** se abre como un abanico de tascas y mesones que se llenan del bullicio y animación de vecinos y foráneos a la hora del aperitivo. Desde esa plaza las calles adyacentes alargan el recorrido de tapeo en todas direcciones.

El Húmedo ha crecido y ha cambiado mucho en los últimos años, no solo porque ahora es peatonal y la gente pasea libremente sin el agobio de los coches, sino porque ha cambiado la hora en que vive su mayor animación. En otro tiempo, la celebración de los mercados semanales de frutas y hortalizas y el mercadillo dominical del rastro condicionaban los ritmos de la afluencia mañanera. Hoy, el mayor ambiente se da a partir de las 20 h; además se ha desarrollado una gran oferta de locales nocturnos que alarga ese horario hasta la madrugada, sobre todo los fines de semana.

Por tanto, la zona vive una transformación en que conviven tascas intactas desde mediados del siglo pasado, con locales de rabiosa y ruidosa modernidad. Sin embargo, sigue siendo el tapeo lo más característico de este humedal artificioso, con numerosos grupos de parroquianos que recorren en rigurosa procesión determinadas rondas, más o menos preestablecidas, según el gusto de cada quien. Ha de saberse que lo tradicional en León es que cada casa tenga su propia e invariable especialidad, que se ofrece gratuitamente como tapa con el vino o la caña. Este hecho hace que cada uno, a sabiendas, elija este o aquel bar según su delicia culinaria.

Muchos buscan un lugar tranquilo para cenar después del aperitivo, pues tampoco faltan los restauradores de mesa y mantel, sea a base de raciones para picar o de una manera más formal. Los más

jóvenes se dejan ver cuando, hacia la medianoche, ceden las rondas de vinos. Los bares suben el volumen de la música y la graduación de sus bebidas para convertirse en zona de copas. El jolgorio no termina, los fines de semana, hasta altas horas de la madrugada. En verano la plaza de San Martín es un mar de agradables y frecuentadísimas terrazas.

❚ EL CAÑO BADILLO

• • • • • • • • •
❂ A3
Caño Badillo

En el extremo opuesto de la Plaza Mayor, aún en el ámbito de influencia del Barrio Húmedo, a los pies de la torre del Obispo, se abre un curioso rincón de cafés que solo conocen los iniciados en la vida nocturna de la ciudad. La calle del Caño Badillo se ensancha y se perfila formando una plaza que, durante los meses estivales, se convierte en una agradable sucesión de terrazas. Son locales tranquilos que se prestan a la charla y cada uno tiene su especialidad: todo tipo de cafés, cervezas... hasta se puede comer en alguno. Hay gusto por la decoración y cuidado por la música; y se llevan a cabo frecuentes exposiciones de arte.

❚ EL BARRIO ROMÁNTICO Y LA CALLE ANCHA

• • • • • • • • •
❂ A-B3
Barrio Romántico
y Calle Ancha

En el eje formado por las calles Ancha y Cervantes hay otra zona que se presta al noble arte del paseo y la visita a los santuarios del buen vino. La peatonalización de la zona ha cambiado la fisonomía de este enclave, dándole un carácter que se debate entre la afluencia de turistas –la catedral está muy cerca– y el escaparate continuo de los comercios. Durante las últimas horas de la mañana y toda la tarde, la Calle Ancha es un continuo ir y venir de gentes. Los cafés se animan a media tarde, desplegando sus terrazas si es verano, con los que hacen la ruta de vinos en las calles más discretas: Sierra Pambley, Ordoño IV, Castrillón, Recoletas, etc. La noche es más viva los fines de semana, cuando los pubs y cafés alargan su horario hasta la madrugada.

❚ LA ZONA DE LA CALLE LANCIA

• • • • • • • • •
❂ B-C4
Zona de Lancia

Esta fue la zona más bulliciosa y juvenil de León, situada en el centro de la parte nueva de la ciudad. Pero, la presión de los vecinos y la acción decidida del consistorio han conseguido hacer desaparecer este enclave lúdico. Un par de bares aislados todavía se mantienen, pero la zona no es ni sombra de lo que fue. Si hoy se desea algo de diversión, es mejor acercarse a los cafés de la trasera de la catedral o a una zona incipiente de tapeo en el nuevo barrio de Eras de Renueva.

ITINERARIO POR LAS ZONAS VERDES

I PARQUE DE QUEVEDO

Se puede comenzar el recorrido por los pasillos verdes de la ciudad en uno de los jardines más frondosos y extensos de ella: el **parque de Quevedo**. Se sitúa en las cercanías de San Marcos, pero al otro lado del río Bernesga, justo en la salida hacia Astorga, uno de los enclaves obligatorios para los peregrinos que siguen el Camino de Santiago.

El parque fue en otro tiempo un vivero de obras públicas. Su extensión ronda los 60.000 m^2, en los que se pueden encontrar rincones para el descanso, el paseo y estanques con varias especies de animales de gran diversidad. Un gran pino marca el centro de este bosque artificial que también tiene grupos de castaños, tilos centenarios, lilares, setos de boj, plátanos y un sinfín de especies que crean un entorno de agradable umbría y silencio. En la primavera y el estío los macizos de flores brotan por doquier inundando de vivos colores todo el jardín. La gran concentración de árboles y plantas sirve de imán para infinidad de pájaros y aves muy diferentes que son interesantes de observar y, sobre todo, agradables de escuchar. El parque está muy cuidado en todos los aspectos y tiene horas de gran afluencia, pero también momentos de tranquilidad, sobre todo por la mañana y al mediodía, que es el momento de disfrutar del silencio.

🕐 f.p.
Parque de Quevedo
✉ Avenida de
La Magdalena, 5.
🕐 De 9 a 21 h.

I PASEO DE LA CONDESA DE SAGASTA Y PARQUE DE PAPALAGUINDA

Cruzando el río por el puente de San Marcos hacia la ciudad, se puede ver a la derecha este largo paseo que acompaña al Bernesga. Es un antiguo bulevar que muestra una ordenación casi cartesiana, por la perfecta cuadrícula de sus paseos y sus cuidados jardines. En la parte más baja y cercana al río hay una zona de boleras, donde los paisanos juegan a los curiosos bolos leoneses y a la petanca. En la parte superior, los parterres de flores se entrecruzan con los paseos guardados por hileras de árboles que aíslan a los paseantes del trajín del tráfico. Un quiosco de música advierte del final del trayecto al llegar a la plaza de Guzmán.

La breve interrupción de la plaza y el puente jalonado con leones de piedra se reanuda en un nuevo **paseo**, el **de Papalaguinda,** que termina en la plaza de toros. En su larga calzada se planta el mercadillo del rastro los domingos y durante las fiestas patronales, carpas y terrazas.

🕐 D2-3
Paseo de la Condesa de Sagasta

🕐 C-D3-4
Paseo de Papalaguinda

▲ Parque de La Candamia.

⏱ B4
Parque de San Francisco

⏱ B3
Jardín del Cid

⏱ f.p.
**Parque de los Reyes
de España**
✉ Avda. José Aguado.

PARQUE DE SAN FRANCISCO

Situado frente al edificio de Correos, este conocido y recoleto parque está rodeado de una valla de forja negra que lo aísla. El árbol predominante es el castaño, que aporta las mejores sombras del centro de la ciudad.

La curiosa **fuente** central del parque, que estuvo situada en la Plaza Mayor, representa a Neptuno y es obra de Mariano Salvatierra. Le acompaña una **escultura de San Francisco de Asís**, firmada por Muñoz de Alique.

JARDÍN DEL CID

Detrás del edificio de Gaudí, en el mismo centro, se encuentra este pequeño jardín «romántico» que da nombre a su entorno: «Barrio Romántico». Está adosado a la muralla, que le da un aspecto decadente en su belleza.

Sus olivos, la fuente de piedra, un monolito dedicado a Rubén Darío, los grandes pinos y sauces llorones completan, en penumbra, la escenografía. Parte de la muralla que lo circunda ha sido modificada para poder subir a ella, pasearla brevemente y utilizarla como mirador.

PARQUE DE LOS REYES DE ESPAÑA

En lo que fue el antiguo mercado de ganados, junto a la avenida José Aguado, se sitúa uno de los parques más recientes de León, dedicado a los monarcas españoles.

Es un espacio abierto y, en contraste con las altas edificaciones que lo rodean, las especies de árboles, que van desde las autóctonas a las más exóticas, rompen la geometría de su trazado. Cuenta con castaños, olivos, enormes secuoyas, cerezos, tejos, abedules, etc., además de infinidad de macizos florales. A la entrada se puede ver una réplica de un típico hórreo leonés con todos los detalles.

PARQUE DE LA GRANJA

Ya en las afueras, junto a la carretera de circunvalación, un enorme complejo natural de 100.000 m² acerca el campo a la ciudad. Mucho césped y riachuelos cruzados por puentes de madera rodean instalaciones deportivas y lúdicas, como pequeños huertos que el Ayuntamiento cede a jubilados para que los trabajen.

Desde el otro lado de la autovía surge un precioso **carril bici** que sigue el curso del río hasta Villanueva del Árbol, unos seis kilómetros para caminar o ir en bicicleta por un paisaje sorprendente.

I **ALREDEDORES**

A la hora de alejarse de la ciudad pero sin dejar de verla, los leoneses barajan cuatro opciones de esparcimiento cercano.

El *monte de San Isidro,* en la carretera de Carbajal, es una arboleda preparada con parrillas y mesas de piedra muy frecuentada durante los meses de estío.

La Candamia es un monte de pinares al que se accede por Villaobispo o bien, dando un gran rodeo, por la carretera que lleva a Mansilla de las Mulas, a la altura de Las Lomas. En el centro del bosque hay un restaurante ideal para merendar bajo el emparrado. También son muy populares las posibles opciones fluviales que incluyen un baño en el río.

En **Puente Villarente,** situado a 13 km al sureste, se abre una amplia pradera junto al río Porma, muy visitada.

Más cerca, a apenas 10 km, el río Torío se ensancha en **Villanueva del Árbol** y crea una zona de baños rodeada de mesones.

Papalaguinda

Los autores Armando G. Colino y Javier Colino cuentan de este paseo en su curioso libro *Conversaciones con mis calles* lo siguiente:

«¡Papalaguinda! ¡Curioso nombre y de difícil significado! La explicación más evidente es que se trata del lugar donde la juventud leonesa se dedica a *papar la guinda,* a *ligar* que se dice ahora. [...]

Asimismo, puedo contaros lo que un día de 1903 publicaban los periódicos locales *El Porvenir de León* y *El Mensajero leonés:* A principios del siglo xx, dos esclarecidos poetas leoneses, don José Estrañi y don Augusto López Villabrille (Clotaldo), se enzarzaron en una jocosa polémica perodística sobre el nuevo nombre que debería darse al antiguo paseo del Calvario. [...]

El primero consideraba que el nombre correcto sería el de paseo de la Papelera, por las cursilerías que se escuchaban y la cantidad de cosas verdes que se decían. Para el segundo, paseo de Papalaguinda, por aquello que cantaban las niñas:

> *Mi mamá me dio una guinda,*
> *mi papá me la quitó,*
> *y me puse más colorada*
> *que la guinda que me dio.*

Este nombre fue el que más cuadró en el pueblo, y con él se quedó».

Excursiones
por la provincia de **León**

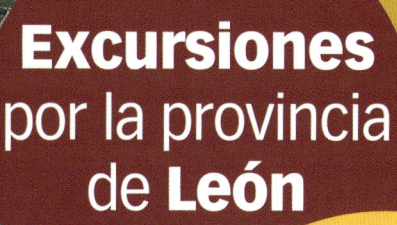

Excursiones
por **León**

Situada en el noroeste de la Península ibérica, la provincia de León es una de las más extensas de España (15.469 km^2) y la segunda más poblada de Castilla y León, con unos cuatrocientos cincuenta mil habitantes. Su amplitud y situación geográfica hacen de ella una provincia de transición entre la meseta castellana y las regiones del norte (Cantabria, Asturias y Galicia). Si se abor como problema para el estudio, León sería un compl objeto a todos los niveles: geoeconómico, social, his rico... pero como visitantes, esa complejidad se tor riqueza: paisajística, de costumbres, gastronómica para disfrute del que llega y quiere conocerla. Las tierras de León no son susceptibles de resumen, nadie puede decir «así es, así son», sin cometer al menos una grave falta de omisión por tantas cosas que no se abarcarían. Por eso es conveniente reconocer de antemano esta falta y advertir de la gran variedad de sorpresas que en este rincón del mundo se guardan y nos aguardan. No, no son homogéneas estas tierras leonesas; pues, si abundan las estribaciones de la meseta (con cotas por debajo de los 1.000 m), no son menos frecuentes las zonas montañosas, medias y altas (que pueden llegar a doblar esas alturas de la planicie), donde se mezclan lo seco y lo húmedo, lo exuberante y lo parco, lo poblado y lo desierto, el sedentarismo y la trashumancia, lo rural y lo urbano...

Y los ríos que nacen en las montañas del norte y discurren hacia el sur dejando una semblanza de valles y riberas. La riqueza fluvial de esta provincia es asombrosa. En la parte occidental, el río Esla (que recoge en su caudal al Porma, al Curueño, al Torío y al Bernesga) es el más importante, y más al oeste, otro hermano paralelo, el Órbigo (deudor del Turienzo y el Jamuz), busca idéntico descanso que el Esla en el paso zamorano del Duero. En el oeste reina el Sil, generoso afluente del Miño, cuyo nacimiento lacianiego le aboca a recoger en el Bierzo las aguas de otros ríos menores (el Cúa, el Burbia y el Ancares o el Noceda, el Boeza y el Cabrera). Una tierra que se hace de agua.

Sirva este conjunto de aproximaciones como aviso al que llega para que sea consciente de la gran variedad de ofertas que puede hallar en una provincia tan amplia y extensa como la de León.

Se pueden, en aras de la composición de lugar, delimitar tres zonas diferenciadas: El Bierzo (la parte más occidental de la provincia, limítrofe con Galicia y que tiene una idiosincrasia propia y unas sorprendentes riquezas naturales y culturales), La Montaña Oriental (continuación de las cordilleras palentina y burgalesa; es la frontera natural con Asturias y en ella destacan los Picos de Europa y el nacimiento de gran parte de los ríos leoneses) y La Meseta (una sucesión de páramos, vegas y riberas que lindan al sur con Zamora, Palencia y Valladolid y la característica Tierra de Campos). Cada una de ellas encierra rutas por lugares de gran interés que se irán desglosando. Se han seleccionado ocho, las más definitorias, que permiten hacer un recorrido bastante aproximado y variado por la provincia.

La intención de una guía de estas características es orientativa y de ayuda al viajero. Las rutas, concebidas en su mayoría como excursiones de un día (a lo sumo de dos), son como piezas de un mecano que el visitante podrá combinar, unir o separar, en concordancia con sus apetencias y preferencias. En general, se propone un destino último y se señalan las diversas maneras de llegar a él, nombrando los lugares de interés por los que se va pasando.

Las hoces del Torío y el Curueño

Siguiendo el curso del río Torío desde León hasta su nacimiento (por la carretera LE 311) se recorreren los 35 km que hay hasta Vegacervera.

Nada más salir de la capital se encuentra la primera tentación en la cercana localidad de **Villaquilambre,** donde se pueden contemplar mosaicos romanos de gran interés. En el camino se dejan atrás recoletos pueblos típicamente ribereños que se recortan en una soleada armonía de choperas y prados como **Pedrún, Pardavé, San Feliz** o **Matueca,** todos alumbrados por el rumor del río, el barro y la piedra, a la par que por el antiguo tren minero de vía estrecha hasta **Matallana,** localidad que le presta su nombre a esta reliquia de otro tiempo, cuando se transportaba el carbón desde estas cuencas hasta los hornos bilbaínos.

Siguiendo adelante se llega hasta **Vegacervera,** pueblo aireado por el cañón que, caprichoso, abre ahí el río. Aquí los embutidos son de una gran calidad artesana y en el primer domingo del mes de noviembre se celebra la *feria de la cecina de chivo* (carne de chivo cocinada, un manjar típicamente leonés). Es en este umbral de las *hoces* del río Torío donde apetece dejar que los vehículos sigan adelante y andar los 2 km aproximados que se abren majestuosos. Sobrecoge la sensación de pequeñez que marca la fuerza del río, deshaciéndose en pequeñas cascadas que después son pozas y remansos fríos y cristalinos, y las enormes paredes de caliza gris blanquecina que parecen un paréntesis de silencio, una mole carente de vegetación, que el río ha ido erosionando a través de los años y los siglos, con paciente lentitud. En algunos lugares estas paredes llegan a medir 100 m. Es un sitio ideal para quienes quieran vivir plenamente la naturaleza. Además del senderismo, se pueden practicar deportes como la escalada, la espeleología y la pesca.

Al salir de las hoces en dirección norte, vuelve la alegre visión de los hayedos. Se llega a **Felmín,** pequeño pueblo en el que una desviación nos introduce en una carretera de montaña, llena de curvas y estrecheces, que desemboca, 6 km más arriba, en la localidad de **Valporquero de Torío.** Hay que sobrepasarlo y al terminar las casas echar

Ayuntamiento de Villaquilambre
✉ Plaza de la Constitución, s/n.
☎ 987 287 201.
🖥 www.villaquilambre.es

Ayuntamiento de Matallana
✉ Plaza San Bartolomé, 1.
☎ 987 578 209.
🖥 www.aytomatallanadetorio.es

Ayuntamiento de Vegacervera
✉ Marcelino González, 7.
☎ 987 591 387.
🖥 www.aytovegacervera.es

Cuevas de Valporquero
✉ Valporquero del Torío. Vegacervera.
☎ 987 576 408.
🖥 www.cuevade valporquero.es
🕐 Acceso a la cueva: de marzo a abril y de octubre a diciembre, de jueves a domingo y festivos; de mayo a septiembre, todos los días.
Horario de taquillas: de marzo a abril y de octubre a diciembre, de 10 h a 17 h; de mayo a septiembre, de 10 h a 18 h.
💶 Entrada: desde 6 €.

una ojeada desde su magnífica **atalaya.** Algo más adelante se llega a la entrada de sus afamadas *cuevas,* otra maravilla natural que no se debe dejar de visitar. Seguro que nos sorprenderán su longitud y grandiosidad, pero conviene abrigarse ya que en el interior la temperatura es bastante fría, incluso en verano.

Retomando en Felmín el camino hacia el nacimiento del Torío, **Gete** queda orillado y **Getino** se muestra en el camino que sigue hacia **Cármenes,** lugar de vida apacible y animada cuando llegan los veraneantes; merece la pena recorrer, en un paseo, sus calles. Más arriba, ya solo quedan pequeños núcleos ganaderos apenas habitados como **Pontedos, Piornedo** y **Piedrafita,** testimonio del nacimiento del Torío y parajes de frontera con Asturias.

Se dejan así las *hoces de Vegacervera* (el río Torío) para continuar hacia otras similares, las de *Valdeteja* (en el río Curueño). Desde Cármenes se toma la desviación hacia la *collada de Valdeteja* o de *Genicera.* La carretera obliga a la lentitud y en estos parajes se agradece.

Ayuntamiento de Cármenes
Carlos Alonso, 11.
987 576 701.
www.aytocarmenes.es

Las cuevas de Valporquero

Este maravilloso escenario natural, conocido por los lugareños desde hace siglos, se hizo visitable en 1966. Se trata de una formación geológica producida por corrientes subterráneas de agua que erosionaron y disolvieron la caliza. La sobresaturación de carbonato cálcico que esta posee va precipitándose en pequeñas gotas que van formando impresionantes columnas al unirse las estalactitas –que penden del techo– y las estalagmitas que suben desde el suelo. El caprichoso azar ha creado en estas galerías multitud de formas sugerentes y de gran plasticidad que resultan asombrosas, en medio de las enormes salas abovedadas que presenta la propia cueva. La cueva data del Mioceno, periodo geológico en la Era cenozoica. La humedad dentro de la cueva es siempre del 90 por 100 y la temperatura se mantiene constante en 7 ºC, por lo que es recomendable la ropa de abrigo y el calzado adecuado.

La cueva presenta dos niveles: uno inferior que es el curso de aguas (3.150 m), al que solo tienen acceso los espeleólogos, y otro superior, la cueva de Valporquero propiamente dicha, con una longitud de 1.300 m que pueden visitarse en su totalidad. Se realizan varios tipos de recorridos guiados.

Valdeteja es un pueblo de montaña, de casas apretadas, como si quisieran darse calor. Se dice que aquí se hace uno de los mejores quesos del mundo (de cabra); lo difícil es conseguir que alguien lo venda, ya que solo se elaboran para el consumo propio. No es extraño perderse por estos caminos de monte y ver caballos de largas crines e incluso, a lo lejos, algún rebeco inquieto.

Siguiendo la carretera aparecen las *hoces del Curueño,* similares a las del Torío, umbrías y afiladas, una bendición en verano, y en invierno lugar de grandes fríos. Este río Curueño es también de los señaladamente trucheros, de modo que la pesca es uno más de sus atractivos. Siguiendo el curso del río hacia arriba, se cruza **Valdelugueros** hasta llegar a las pequeñas poblaciones de **Cerulleda** y **Redipuertas,** último pueblo de la provincia de León, al pie del puerto de la Vegarada.

La carretera atraviesa la *Reserva Nacional de Mampodre,* donde hay un desvío a la derecha que enlaza con la estación invernal del *puerto de San Isidro.* A un lado y a otro, los prados, los sauces, los chopos y las hayas nos hacen compañía.

Para volver sin llegar tan arriba, se desciende el río hasta **Nocedo,** donde son famosas las aguas de su balneario, fin geográfico de la garganta del río; aquí se encuentra la cascada o *cola de caballo de Nocedo,* un lugar de gran belleza, junto a la carretera. La vieja **calzada romana** que buscaba las

▼ Nocedo.

Asturias, aparece y desaparece intermitentemente en este recorrido. En **Valdepiélago,** por ejemplo, su puente de piedra de un solo ojo, no puede negar su procedencia.

Se llega a **La Vecilla de Curueño** que, por su ubicación geográfica, se constituyó en eje comercial y ganadero de la zona. Para guardar memoria de lo que debió de ser esta villa hidalga, ahí están la iglesia del siglo XVIII (guarda una talla de Santa Catalina del siglo XVI) y el torreón militar del siglo XII, reconstruido en el XV, declarado bien de interés cultural. En los alrededores de la villa tienen interés las localidades de **Otero de Curueño, La Mata de la Bérbula, La Cándana** –de donde son autóctonos los gallos de pluma, una especie cuyas plumas son muy apreciadas por su utilidad para la pesca–, **Aviados, Campohermoso** y **Renedo.** Si la jornada se hace larga, se puede regresar a León por **Matallana de Torío** o bien por **Barrios de Nuestra Señora** (confluencia de los ríos Curueño y Porma), que al cruzar el puente tiene el descriptivo nombre de **Ambasaguas.**

Siguiendo por la carretera N 621 hasta León, dejando a un lado los pueblos rojizos de la *Sobarriba* y los *robledales* de **Santa María** y **Santovenia del Monte,** se cruza el río Torío por **Villanueva del Árbol** y se desemboca en la capital por la cercana población de **Villaobispo** (a unos 3 km de la misma).

. . . .

Ayuntamiento de Valdepiélagos
✉ Avda. Jaime Lobo Asenjo, 15.
☎ 987 741 207.
🌐 www.aytovaldepielago.es

. . . .

Ayuntamiento de La Vecilla
✉ Plaza del Torreón, 1.
☎ 987 741 161.
🌐 www.aytolavecilla.es

Valles de Sajambre y Valdeón. Hacia los Picos de Europa

Un viaje por los valles de la montaña oriental leonesa es una experiencia difícil de olvidar por su belleza. El fondo natural son los extraordinarios Picos de Europa, donde León comparte hectáreas del Parque Nacional.

La dificultad que presenta esta excursión es que para comenzar el viaje hay que recorrer los aproximadamente 100 km que separan León de la localidad de Nuevo Riaño; este camino que discurre paralelo al río Esla hacia su nacimiento es, en sí mismo, una sucesión de lugares interesantes. Se diría que es ya por sí sola una excursión aconsejable. Además, la cantidad de rutas que se abren desde Riaño hacen que el viajero tenga que elegir si no dispone de mucho tiempo.

El camino más aconsejable lleva desde León por la N 625 hasta **Mansilla de las Mulas,** donde los restos romanos, como las **murallas** y las **ruinas**

🏛 Ayuntamiento de Mansilla de las Mulas
✉ Pza. del Pozo, 12.
☎ 987 311 800.
🖥 www.aytomansilladelas mulas.es

Museo de los Pueblos Leoneses
✉ San Agustín, 1.
  Mansilla de las Mulas.
☎ 987 311 923.
🖥 www.institutoleonesde cultura.es
🎫 5 €.

de Lancia (a 1 km), nos permiten viajar hacia atrás en el tiempo.

Desde aquí a Cistierna, la ribera se viste con la frondosidad de las choperas y la geometría de los campos de labor: **Villomar, Villalquite** y **La Aldea del Puente,** pueblos anchos que se dejan atravesar por la carretera. Se llega a los pueblos llamados de Rueda. **Quintana, Palacios, Quintanilla** y **Cubillas de Rueda,** además de **Sahechores.** De casas tradicionales, se mezclan con chalés de nuevo cuño, ya que su historia es antigua porque siempre fueron tierras fértiles.

Según se avanza, la piedra se impone en la construcción, las casas muestran el orgullo de sus añejos blasones. En **Villapadierna** se ve la torre cuadrada y enorme de su iglesia, que coronan las cigüeñas.

Solo dos pasos más, Vidanes y Sorriba, para llegar a **Cistierna,** villa que creció mucho en el siglo XX por la bonanza minera de los valles aledaños. Ahora, cerradas las minas, la zona vive buscando nuevos motores de crecimiento: el **Museo del Ferroviario,** el mercado tradicional que se celebra todos los jueves, y actividades como el descenso de aguas bravas, escalada, bicicleta de montaña y pesca completan su oferta turística.

Ayuntamiento de Cistierna
- Plaza del Ayuntamiento, 1.
- 987 700 001/ 02 /07.
- www.cistierna.es

Museo del Ferroviario
- Camino Santa Bárbara, s/n. Cistierna.
- 681 222 739.
- De miércoles a domingo y festivos de 10 h a 18 h. Cerrado el tercer domingo de cada mes.

▼ Vista del embalse de Riaño y del Nuevo Riaño.

Los hórreos

La arquitectura popular en los valles de Sajambre y Valdeón muestra interesantes peculiaridades, desde la casa más moderna y adornada con galerías acristaladas hasta la más primitiva casa techada de paja y con los huecos mínimos que sirven como ventanas. Pero la construcción más característica son los hórreos. Según la descripción que de ellos hace Feduchi: «La construcción va sustentada por cuatro o seis pies derechos (horcones o pegollos) de madera, que se apoyan en plintos o machos de piedra y en la parte superior se rematan con una lancha o lastra de piedra, allí llamada «tornarratas», que sobresale mucho en los horcones y evita que gateen los roedores al granero propiamente dicho. La cubierta es generalmente a cuatro aguas, y con teja árabe. La escalera para subir al granero es exterior y de piedras muy irregulares». Dicen los expertos que estos hórreos son de tipo semiasturiano, siendo notables los de Oseja, Posada, Prada y Cordiñanes. De forma cuadrada, cuadrangular o alargada, carecen de galerías exteriores y las paredes son tablones de madera que sustentan el tejado y sobre los que el alero puede sobresalir bastante. Estas construcciones, concebidas como almacen de víveres, se extienden por toda la montaña leonesa, variando la techumbre según zonas de influencia. Su origen se atribuye a los suevos en el siglo v de nuestra era.

·········
Museo de la Siderurgia y la Minería de Castilla y León
✉ Pza. San Blas, 1. Sabero.
☎ 987 718 357.
🖥 www.museosiderurgia mineriacyl.es
🕐 De abril a septiembre, de martes a sábado de 10 a 14 y de 17 a 20 h; domingo y festivos de 10 a 14 h y de 16.30 a 19.30 h. De octubre a marzo, de martes a sábado de 10 a 14 h y de 16 a 19 h; domingo y festivos de 10 a 14 h y de 16.30 a 19.30 h.
🎫 2 €.

·········
Museo de la Fauna Salvaje
✉ Valdehuesa. Boñar.
☎ 987 735 381/ 616 648 286.
🖥 www.museodela faunasalvaje.com
🕐 De abril a mediados de octubre, de martes a domingo de 11 a 19.30 h. En agosto abre también los lunes. Resto del año, fines de semana y festivos de 11 a 18 h.
🎫 12 €.

Se huele ya el aire de la montaña y salen al encuentro los primeros riscos. La carretera acompaña y se abraza con el río hasta llegar al desvío a **Sabero,** antiguo centro de la cuenca minera, que desde 2008 acoge el **Museo de la Siderurgia y la Minería de Castilla y León.** Instalado en la antigua ferrería de San Blas, pionera de la industria siderúrgica española, el centro forma parte de la red de museos regionales que ilustran la actividad minera que hasta 1991 fue el principal soporte económico de la comarca. Muy cerca de aquí, en **Boñar,** se sitúa también el **Museo de la Fauna Salvaje,** en donde podemos observar una amplia representación de toda la fauna ibérica.

Retomaremos el camino para atravesar el pueblo de **Santa Olaja de la Varga,** y cruzar **Aleje, Verdiago** y **Valdoré.** Los pescadores saben que el río esconde truchas a partir de aquí. Y se llega a **Crémenes,** lugar privilegiado para el descanso en verano, cuando recupera la alegría que pierde durante el largo invierno. Es famosa su fábrica de embutidos y un sabinar, que es enclave único en la provincia.

La caliza incrementa su presencia y se va imponiendo a las manchas verdes que la salpican. A la izquierda queda el desvío a **Lois,** que alza en un bello paraje su poderosa iglesia tardobarroca,

▲ Mirador de Piedrashitas, en Posada de Valdeón.

y si se continúa hacia **Las Salas,** se puede ver la **iglesia de San Martín** y disfrutar de la trucha de río y el cordero asado. Hay que prepararse para la impresión que produce, después de una curva, la mole de piedra que protege el pantano que engulló el tan llorado pueblo de **Riaño** y su valle completo. Aquí todo son curvas, agua y riscos.

La extrañeza de estos contrastes producen una inquietud de la que ya no será fácil librarse en kilómetros, hasta cruzar el puente que corona el dique y adentrarse en el túnel para avistar el **Nuevo Riaño.** Hay quien dice que son dos pueblos muertos, el que yace bajo las aguas y el que fue inventado después, sin asomo de raigambre. Sus bloques de casas rompen en mil pedazos la armonía de la arquitectura de los pueblos de la zona. No obstante, en honor a la verdad, sobrevive gracias al turismo. Su emplazamiento inigualable como puerta abierta a los Picos de Europa y el atractivo de los deportes acuáticos en el pantano, no son nada despreciables.

Ahora empieza el verdadero recorrido por los *valles de Sajambre* y *Valdeón*, por las estribaciones de los Picos de Europa. Por eso, el camino anteriormente descrito puede suponer un silencio de poco más de una hora en automóvil. Desde el Nuevo Riaño hacia **Vegacerneja** se sale por una cola del

Ayuntamiento de Nuevo Riaño
✉ Plaza Cimadevilla, s/n.
☎ 987 740 665.
🖥 www.aytoriano.es

La ruta del Cares

A **Caín** llegan cada año cientos de andarines dispuestos al gozoso sufrimiento de recorrer la llamada ruta del Cares. Se sale de Caín bien vestido y mejor calzado (algo cómodo pero que proteja de la humedad). El primer puente sobre la presa de la central eléctrica de Viesgo conduce a una estrecha manga de piedra sobre el estrecho abismo. Hay una luz verdosa de musgo y piedra en los túneles que el hombre ha ido haciendo, envidioso de las profundas hendiduras que el río labra en la caliza, en un arrebato de inconformismo adolescente. Es como si el río supiera que ha nacido para darse al mar y no se resigne a dejarse detener por ningún risco.

En el **puente de los Rebecos** se puede ver el fondo del abismo y sentirse pequeños en demasía; el vértigo acecha a los más valientes y los miedosos miran arriba como una plegaria. La barandilla parece de hilo y el puente un simple junco que quiere precipitarse por el desfiladero. El paso se estrecha y el sol entra de perfil si se busca arriba. Abajo, el río avisa de que sigue ahí en un rumor audible y tranquilizador, pero expectante.

El segundo puente, llamado de **Bolín** o de **Trea,** produce la sensación vibrante de estar sostenidos en el puro aire. La garganta se va abriendo y las piernas empiezan a pesar, el aire es puro y frío. Más adelante, los **Llanos de la Sota** y el **canal de las Párvulas** marcan los confines provinciales. Se puede desandar lo andado para repetir la experiencia o seguir hasta **Camarmeña,** donde concertar un viaje de vuelta más cómodo.

· · · · · · · · · ·
Parque Nacional de los Picos de Europa
🔗 http://parquenacional picoseuropa.es

pantano. A la derecha se deja una desviación que lleva a **Cuénebra** y **Casasuertes,** aislados en un pequeño valle, para encarar el Pontón. El paisaje es de una pureza exquisita: pastos frescos, bayas, arroyos cristalinos, frondosos hayedos… No es extraño que esta sea la tierra del oso, el corzo y el urogallo.

El puerto no se hace largo y encima de él, como un regalo para la vista, se abre el valle de Sajambre, verde, si es primavera, o en un éxtasis policromado, si es otoño. Cuentan que es inexcusable beber el agua gélida de la *Fuente del Infierno,* que es el agua del río Sella cuando aún es un recién nacido. El descenso es una corona de giros y uno, que forma casi una circunferencia completa, tiene nombre propio, lo llaman *La Petanera.* Hay que poner pues los ojos en la sinuosa carretera pero, de soslayo, mirar los cientos de pájaros que vuelan en esta zona y el *pico de Ten,* solitaria medida de la altura de todo.

Oseja de Sajambre está en la mitad de la ladera, por debajo ya de los 1000 m. Pueblo de madera y piedra, con aire de refugio, tiene una iglesia grande del siglo xix y está salpicado de hórreos.

· · · · · · · · · ·
🏛 **Ayuntamiento de Oseja de Sajambre**
✉ Don Juan Piñán, s/n.
☎ 987 740 304.
🔗 www.aytoosejade sajambre.es

▲ Desfiladero del Cares.

Por el camino que desciende se dejan los pueblos de **Pío** y **Vierdes,** para llegar a **Ribota** y **Cobarcil,** puerta del *desfiladero de Los Beyos;* esta garganta esculpida por el agua sobre la caliza puede impresionar por su profundidad y estrechez. Se puede volver deshaciendo lo andado o perderse una noche en este valle. En este último caso, el camino hacia **Soto de Sajambre** que antes se dejó de soslayo, es lo aconsejable. La visión de la *Peñasanta de Castilla* (2.596 m), los prados, cascadas y arroyos de la *majada de Vegabaño, el mirador de los Porros...* Para los más inquietos el camino no se detiene aquí; el Cares aguarda ansioso. Se vuelve a coronar el puerto y, poco después, con la lentitud que estas carreteras requieren se toma el desvío hacia Panderrueda y Posada de Valdeón, dejando atrás **Piedrashitas** en un camino de bosque y recoveco. Abajo aparecen **Caldevilla** y **Soto de Valdeón,** dominios también del hórreo.

A dos pasos se halla **Posada de Valdeón,** dividido en dos cuerpos, entre dos parajes. Al pueblo de arriba lo llaman **Prada** y al de abajo, **Los Llanos.** El

🛈 **Ayuntamiento
de Posada de Valdeón**
✉ El Cantón, 2.
☎ 987 740 504.
🖥 https://valdeon.org

......
**Ayuntamiento
de Boca de Huergano**
Ctra. de Santander, 11.
987 740 103.
www.aytoboca
dehuergano.es

......
**Monasterio de
San Miguel de Escalada**
618 866 790.
www.aytogradefes.es
Del 1 de junio al 31 de
octubre, de martes a
domingo de 10.30 h a 14
h y de 17 a 20 h (martes
entrada gratuita); resto del
año, de jueves a domingo
de 10.30 h a 14.30 h (jueves
entrada gratuita).
3 €.

▼ Monasterio mozárabe de
San Miguel de Escalada.

queso típico del lugar es de sabor fuerte y untuoso. Más allá, el recio **Cordiñanes,** con calles de cemento, guía a la vera del Cares. Se puede andar, casi se debería llegar a **Caín** andando, sobran las razones. Descendiendo hacia el río y cruzándolo se puede subir al **mirador del Tombo** para admirar el poder de esos gigantes de más de 2.000 m. Volviendo al río, hay que visitar la trampa para lobos del **Chorco** (del siglo XVII) y la **ermita de la Corona.**

En Caín está la *garganta del Cares,* el mítico desfiladero de 11 km bien contados, paso a paso. Vuelta al coche y, para salir del valle, desde **Prada** se llega al puerto de Pandetrave por **Santa Marina de Valdeón.**

Al otro lado del puerto espera **Portilla de la Reina** y su río truchero, el Yuso. **Barniedo, Los Espejos** y **Villafrea** hasta llegar a **Boca de Huérgano,** con su **puente romano,** la **torre** del arruinado castillo de Tovar, y una **iglesia** románica, un buen sitio para merendar. Otra vez el Nuevo Riaño y el escollo doloroso del agua remansada.

Volviendo por el mismo camino hasta **Gradefes,** donde es aconsejable un paseo y una visita al **monasterio** cisterciense que, aún hoy, continúa vivo. Después, se puede ir por **Rueda del Almirante** a **San Miguel de Escalada.** Antes de llegar al pueblo se ve el antiguo monasterio, una joya del mozárabe.

Para volver a León hay que ir a **Villafañe** y, de aquí, al **Puente Villarente.** Los riscos, los hayedos, los ríos y los hombres recios de la montaña parecen ahora un eco lejano que se difumina al llegar a la ciudad, pero su huella es indeleble y su belleza nunca deja de volver a la mente de los que lo vieron una vez y saben que habrán de regresar.

El Bierzo.
De Ponferrada
a Las Médulas

Empieza ahora el viaje por la especialísima comarca del Bierzo. Su nombre, dicen, se debe a los romanos *(Bergidum Flavium)* y ya desde aquella época se sabe que es tierra rica en minerales, como lo prueba el hecho de ser zona de inmemoriales minas: en Las Médulas, declaradas Patrimonio Mundial, se extrajo oro y después wolframio, antracitas, hierro y pizarra... por no hablar de los rumores de plata y mercurio.

El Bierzo es una tierra de «cosas» de la tierra. Cosas como el vino, que tiene denominación de origen, con su uva autóctona de mencía, variedad gemela del cavernet sauvignon. Cosas como el aguardiente, los pimientos, las guindas, los higos, las brevas o el famoso botillo, que es un embutido en tripa ancha con trozos de oreja, morro y rabo, huesos sin mondar, bien adobados y con pimentón; se cura pero no más de dos meses, después se cuece y se acompaña de patata y verdura.

Pero el Bierzo es variopinto y parece una provincia encerrada en otra provincia; por más que no falten los que quieren arrimar el ascua a su sardina y le dicen la «quinta provincia gallega». A decir verdad, hay un no sé qué en el hablar de sus gentes, en sus modos suaves y cariñosos, en su clima benigno, en

Oficina de Turismo de Ponferrada
✉ Gil y Carrasco, 4.
☎ 987 424 236.
🖰 www.ponferrada.org

Museo del Bierzo
✉ Reloj, 5.
☎ 987 414 141.

Museo del Ferrocarril
✉ Alcalde García Arias, 7.
☎ 987 405 738.

Museo de la Radio "Luis del Olmo"
✉ Gil y Carrasco, 7. Casa de los Escudos.
☎ 987 456 262.

Museo de las Cofradías de Semana Santa
✉ Antigua iglesia de San Antonio. Pº San Antonio-Calle Ancha.
☎ 637 125 980.

▼ Castillo de Ponferrada.

▲ ▶Peñalba de Santiago
(pueblo e iglesia).

Castillo de los Templarios
- ✉ Avda. del Castillo, s/n.
- ☎ 987 402 244.
- 🖥 https://castillodelos
  templarios.com
- 🕐 Del 1 de abril al 30 de
  septiembre, de 10 h a 14
  h y de 16.30 h a 20.30 h;
  lunes cerrado.
- 🎫 6 €; miércoles gratis.

**La Fábrica de Luz. Museo
de la Energía (ENE)**
- ✉ Avda. Libertad, 46.
  Ponferrada.
- ☎ 987 400 800.
- 🖥 www.lafabricadeluz.org/es
- 🕐 En invierno, de martes
  a domingo de 10.30 h a
  17.30 h. En verano, de
  martes a domingo de 11 h
  a 15 h y de 16.30 h a 19 h.
- 🎫 3 € (miércoles gratis).

La Térmica Cultural
- ✉ Central térmica de
  Compostilla I.
- ☎ 987 479 292.
- 🖥 https://latermicacultural.es

su vegetación exuberante que anuncia la vecindad gallega y asturiana.

La capital de esta comarca es **Ponferrada,** en el extremo occidental de la provincia, a 105 km de León. La ciudad parece excavada en un hoyo, la depresión del río Sil, y las nieblas son aquí un velo frecuente. El orgulloso **castillo** que vigila la antigua *Pons Ferrata* (puente de hierro) fue construido por la orden militar de los Templarios en 1185, con la misión de velar por los peregrinos. Muy cerca de aquí, se encuentra el **santuario de Nuestra Señora de la Encina,** patrona de El Bierzo, que data del siglo XVI.

La zona vieja de calles estrechas y cuestas empedradas conserva un marcado sabor medieval. Hay haciendas blasonadas, como la **casa de los escudos** (hoy Museo de la Radio) o el **convento de las Concepciones;** el **arco** y la **torre del Reloj** con su chapitel, la antigua cárcel que hoy alberga el **Museo del Bierzo** y, por supuesto, el **Ayuntamiento** (de los siglos XVII y XVIII), muy semejante al de León y Astorga. Todo este entorno nada tiene que ver con las partes más modernas de la ciudad.

Desde 2011 son también visitables las instalaciones de **La Fábrica de Luz. Museo de la Energía (ENE),** un museo de carácter estatal que ocupa dos instalaciones industriales de la comarca: las antiguas centrales térmica de la Minero Siderúrgica de Ponferrada y de Compstilla (**La Térmica Cultural**), sede central del museo y su instalación más importante.

En torno a este proyecto se han señalizado también diferentes senderos y rutas que permiten realizar un completo recorrido por toda la comarca.

Merece la pena visitar a las afueras de la ciudad, la **iglesia** de **Santo Tomás de las Ollas,** catalogada como uno de los monumentos más sorprendentes y de difícil clasificación que nos ofrece el prerrománico español.

Pero aparte de visitar la ciudad, lo mejor que se puede hacer para conocer la zona es realizar un pequeño viaje por sus alrededores tomando como punto de partida la ciudad del puente de hierro. Si se viene desde León y en Astorga se toma el camino por Foncebadón, se puede llegar a Ponferrada con algunos lugares vistos, como la **Cruz de Ferro,** línea divisoria entre la Maragatería y El Bierzo, que se eleva sobre una montaña de guijarros depositados por los peregrinos que realizan su andadura hacia Compostela. Tras descender un pronunciado puerto que nos regalará unas vistas impresionantes de la comarca, llegaremos a **El Acebo,** en donde tomaremos el desvío que, por una empinada carretera en zigzag, nos hará llegar a **Compludo,** situado en el fondo de un valle poblado de encinas y chopos, en el que estuvo el cenobio visigótico de los santos Justo y Pastor, fundado por San Fructuoso. En este enclave se encuentra la **herrería,** que se puede visitar.

Hay que volver a El Acebo para retornar hacia Ponferrada. De camino, pasaremos por **Riego de Ambrós,** pequeña localidad que ofrece un claro ejemplo de arquitectura popular, con sus cubier-

Herrería de Compludo
- Espinosa de Compludo.
- 987 424 236 (Oficina de Turismo de Ponferrada).
- De miércoles a domingo, de 11 h a 14 h y de 16 h a 20 h.

La herrería de Compludo

En Compludo, a unos 20 km de Ponferrada, esta fragua de siglos de edad es una maravillosa muestra de cómo el ingenio del hombre se sirve de la naturaleza para beneficiarse sin dañarla. En la actualidad se puede visitar y ver su conjunto, formado por el mazo, la casa del herrero, el almacén de carbón y hierro, y una panera. Su funcionamiento, antiguo y perfecto mecanismo, se basa en una corriente de agua que cae, a voluntad y con fuerza, sobre una rueda dentada que mueve un eje, que a su vez mueve otro más largo acabado en un mazo metálico sobre un yunque, que rítmicamente va modelando el hierro incandescente, martilleando hasta 180 veces por minuto. Sin duda, ver funcionar este ingenio hidráulico, nos transporta a otra época.

**Iglesia de Santiago
de Peñalba**
✉ Peñalba de Santiago.
☎ 987 424 236.
    (Oficina de Turismo de
    Ponferrada).
🌐 www.ponferrada.org
🕐 Consultar horarios en la
    Oficina de Turismo.

tas de pizarra y sus balconadas de madera. Tras él, el descenso que se hace rodeado de numerosos castaños, finalizando en **Molinaseca,** pueblo de honda tradición jacobea, del que destaca su **puente** medieval de siete arcos, el santuario de **Nuestra Señora de las Angustias,** y su **calle Real,** una de las más bonitas del Bierzo, con casonas blasonadas y multitud de bodegas en las que aprovechar para degustar los vinos de la zona.

Se sigue el curso del río y se pasa por **San Esteban, Valdefrancos** y **San Clemente,** hasta llegar a **Peñalba de Santiago,** bellísimo pueblo enclavado en lo que se denomina el *valle del Silencio* (▲ pág. 18). Peñalba fue monasterio y, de él, solo queda la **iglesia,** bello capricho mozárabe. La paz que aquí se respira es la del Medievo. Todo parece conservarse como entonces.

Volviendo por lo andado aparece otro pueblo ermitaño, **San Pedro de Montes,** cuyo monasterio merece ser visitado. Para que el camino no sea idéntico se puede coger la desviación, después de **San Cristóbal,** hacia **Espinoso de Complu-**

do y regresaremos a Ponferrada por **Los Barrios de Salas.**

Se entra por segunda vez en la capital para coger la N 120, con dirección a Ourense, y tomar el desvío de **Villalibre de la Jurisdicción** y **Priaranza del Bierzo,** buscando la zona arqueológica de Las Médulas.

Aunque a distancia, el Sil acompaña en el camino y su vega es fértil por el clima afortunado de toda la región berciana. Poco después, algunas colinas estrechan el camino hasta subir a **Santalla** y observar el **castillo de Cornatel,** desde el que observamos una estupenda panorámica. El lugar es estratégico y las piedras de los muros (siglos XI y XII) de esta fortaleza templaria se confunden con el ramaje y el musgo. Siguiendo la ruta se pasa por **San Juan** hasta que, antes de llegar a Carucedo, nos encontramos ya con el desvío a **Las Médulas.**

A un lado queda **Orellán** y su **mirador,** desde el que se puede echar la primera mirada, y prepararse para la increíble experiencia visual de las antiguas minas romanas. El paraje es natural, pero,

▲ Puente medieval de Molinasca.

Castillo de Cornatel

✉ Villavieja (Priaranza del Bierzo).

☎ 987 420 806 (Ayto.).

🕑 Del 1 de octubre al 28 de febrero, de miércoles a domingo de 11 h a 18 h. Del 1 de marzo al 31 de mayo, de miércoles a domingo de 10 h a 14 h y de 16 h a 19 h. Del 1 de junio al 30 de septiembre, de miércoles a domingo de 10 h a 14 h y de 16 h a 20 h.

💳 3 €.

· · · · · · · · ·
**Centro de Recepción
de Visitantes de Las Médulas**
✉ Las Médulas. Carucedo.
☎ 987 420 708/ 619 258 355.
🖰 www.turismodelbierzo.es
🕐 Del 2 de noviembre al 28 de
febrero, de 10.45 h a 17.30 h.
Del 1 de marzo a Semana
Santa, de 10.45 h a 14 h y de
15 h a 18 h.
De Semana Santa al 30 de
junio, de 10.45 h a 14 h y de
15.30 h a 19 h.
Del 1 de julio al 30 de
septiembre, de 10.45 h a 14
h y de 16 h a 19.30 h.
Del 1 de octubre al 1 de
noviembre, de 10.45 h a 14 h
y de 15 h a 18.30 h.
Cerrado del 17 de diciembre
al 9 de enero.
🎟 Gratuita. Visita guiada: 5 €.

· · · · · · · · ·
Galería de Orellán
✉ Mirador de Orellán.
☎ 620 249 306.
🖰 www.turismodelbierzo.es
🕐 Lunes, miércoles, jueves,
viernes, sábado, domingo y
festivos, de 11 h a 14 h y de
16 h a 18 h (invierno), 19 h
(primavera y otoño) y 20 h
(verano).
🎟 3 €.

◆ **Patrimonio Mundial
Unesco**

curiosamente, su espectacularidad se la da la intervención de la mano del hombre: la destrucción de la montaña ha creado un paraje exótico, declarado Patrimonio Mundial en 1997.

Desde el **Centro de Recepción de Visitantes** se realizan visitas guiadas por el sendero de Las Valiñas hasta *La Cuevona,* corazón del yacimiento. El consejo, sin duda, es aventurarse a pie por los caminos y, sin prisa, recorrer este itinerario en unas dos horas (ida y vuelta). cse puede, además de tener una magnífica vista, visitar una de las galerías subterráneas, la **galería de Orellán,** accediendo por la entrada situada al lado del mirador.

Desde Las Médulas, otras dos propuestas para los que les guste caminar: si se sale del pueblo desde el otro lado de la carretera se puede recorrer el bello camino que llevará por la *Laguna Grande* hasta el pueblo de **La Balouta** y, desde allí, siguiendo el arroyo del mismo nombre, al **embalse de Peñarrubia** (a 7 km). Otro itinerario más corto consiste en salir del pueblo por la derecha, y llegar hasta el *Lago Sumido,* espectacular en primavera debido al blanco florido de los nenúfares.

Para acabar la jornada, se puede ir a **Carucedo** y visitar su *lago,* con un recorrido de unos 3 km. La parte inferior está llena de cañaverales y es ideal para observar diferentes especies de aves. En otoño, es propicio para la pesca y la recolección de setas. La luz que se retira y el probable cansancio aconsejan volver a Ponferrada o León desandando camino.

▶ Las Médulas desde
el mirador de Orellán.

Las Médulas

¡Tanta belleza surgida de la codicia destructora del ser humano!
Ruina montium (ruina o derrumbe de los montes), así lo denominó
Plinio y esa es su descripción más acertada, por cuanto designa el
procedimiento de antigua ingeniería por el que se formó el lugar. Lo
que se ve es el deshecho –por excavación, por amontonamiento– de
una explotación minera intensiva que los romanos llevaron a cabo aquí
hace más de veinte siglos. Se removieron millones de metros cúbicos
de tierra, se utilizaron millares de esclavos y se calcula que las minas
rendían al Imperio unas 20.000 libras de oro al año.

No menos impresionante es la colosal obra de ingeniería que se hubo
de realizar para transportar hasta aquí el agua necesaria –inimaginable–
para conseguir esta erosión, el derrumbe de las galerías y el lavado de
la tierra. Esta agua se trajo desde la sierra del Teleno y La Cabrera, a
través de canales, cuyos restos aún son visibles en algunos puntos.

El escritor Enrique Gil y Carrasco, un berciano universal, lo describe así:
«Esta montaña, horadada y minada por mil partes, ofrece un aspecto
peregrino y fantástico por los profundos desgarrones y barrancos de
barro encarnado que se han ido formando por el sucesivo hundimiento
de las galerías subterráneas y la acción de las aguas invernizas que la
cruzan en direcciones inciertas y tortuosas. Está vestida de castaños
bravos y matas de roble, y coronada aquí y allá de picachos rojizos
y de un tono bastante crudo, que dice muy bien con lo caprichoso y
extravagante de las figuras. Su extraordinaria elevación y los infinitos
montones de cantos negruzcos y musgosos que se extienden a su pie,
residuo de las inmensas excavaciones romanas, acaban de revestir
aquel paisaje con un aire particular de grandeza y extrañeza que causa
en el ánimo una emoción misteriosa».

El Bierzo. La zona de Los Ancares

En la ruta anterior se introdujeron una serie de generalidades sobre El Bierzo a las que sería bueno remitirse, ya que se sigue en la misma comarca, aunque ahora por las norteñas tierras de Los Ancares.

Muchas y muy diversas maneras hay de abordar una ruta por estos lugares, por eso se puede elegir una lo más amplia y panorámica posible. Aunque se describen lugares agrestes, si la estación es verano, cualquier vehículo en buenas condiciones puede realizar el camino. Si la estación es otra se impone el todoterreno o bien no intentar llegar a los lugares más apartados.

Una vez más desde Ponferrada se busca la salida por Camponaraya, que parece una prolongación de la ciudad, y sus huertas de vega llana. Se va primero a **Cacabelos,** que está a «tiro de piedra». Este es un pueblo señorial de viñedos, de casas viejas que no se pelean con las nuevas. Merece atención su **Museo Arqueológico,** instalado en una casona decimonónica donde se exhiben, entre otras piezas, los restos encontrados en los cercanos yacimientos de *Castro Ventosa* y *La Edrada.* En la plaza se puede ver una **escultura** que celebra su bien amada vendimia y a la salida se sienten los frutales repletos de cerezas en las huertas. Tomando el desvío hacia **Arganza,** todo tiene que ver con el vino: los campos, las cooperativas...

Oficina de Turismo de Cacabelos
Angustias, 24.
987 546 993.
https://cacabelos.org/turismo

Museo Arqueológico de Cacabelos (MARCA)
Las Angustias, 24.
987 546 993.
2,50 €.

Monasterio de Santa María de Carracedo
Avenida San Bernardo, s/n.
987 546 969.
En invierno, de 10 h a 17 h; en verano, de 10 h a 14 h y de 17 h a 20 h. Lunes cerrado.
5 €.

▼ El monasterio de Santa María de Carracedo fue fundado en el siglo x por la Orden benedictina.

Se continúa por **San Miguel de Arganza, Ocero** y, después, la carretera se va retorciendo como las cepas, y los pinos se hacen más frecuentes entre los pastos. Se llega a **El Espino** donde, si es día 1 o 15 de cualquier mes, hay **mercado** y en la zona es un secreto a voces que, a mediodía, en el bar de la plaza, hay pulpo y churrasco delicioso y a buen precio. Después está **Vega de Espinareda,** bello pueblo que se formó alrededor de un monasterio benedictino y hoy se encuentra, en parte, restaurado. Hay que beber de la *fuente de la Vida,* junto a aquel, para seguir camino hacia **Fabero.**

Ayuntamiento de Vega de Espinareda
Avda. de los Ancares, 6.
987 568 619.
www.vegadeespinareda.org

Ayuntamiento de Fabero
Plaza del Ayuntamiento, 10.
987 550 211 y 671 028 823.
https://fabero.org

Las pallozas

Mucho se ha escrito y se ha dicho sobre este tipo de vivienda, típica de la zona de Los Ancares. Su peculiaridad más reseñable es el tipo de vida que llevaban quienes vivían en ellas, un campo abonado para antropólogos y etnólogos. Era una vida autárquica que reunía en un solo espacio todo lo necesario para la subsistencia, aun en los largos inviernos de la montaña. Fuego, madera, animales, hierba, horno para el pan, secadero, etc., todo en una única pieza apenas compartimentada.

La forma de la palloza suele ser oval o circular. Suele estar en desnivel y a veces incluye dos alturas. Los muros, bajos, son de piedra. Se utilizan pies derechos de madera como columnas; otras perpendiculares son las vigas madre y de estas salen otros troncos, llamados *teixeiras,* que elevan mucho la estructura del techo que se cierra con dos *cumpias,* una mayor que otra.

Esta estructura, trenzada con otras maderas más pequeñas llamadas *tercias* y *ripias,* es la que después se cubre con *vincallos* de paja o varas maleables y ese es el trabajo del *teitador.* En la parte más baja de la planta se fabrican unos departamentos de madera, que nunca llegan al techo, para el ganado mayor. En la parte más elevada está el hogar que guarda el fuego, los escaños para comer y dormir, el horno y en el sobrado un cañizo (sobre el hogar) para secar, y un pequeño pajar para los animales. El único hueco al exterior es la puerta. El humo suele salir por el *teito* de paja, creando en él una película impermeabilizadora que protege a la vivienda de los rigores del invierno.

Parque de la Minería del Pozo Julia

✉ Otero, 61.
☎ 987 550 211
  y 671 028 841.
🖥 https://pozojulia.org
🕐 Para concertar visita, llamar
  a los teléfonos citados (de
  10 h a 14 h).

En Fabero conviene repostar si se va justo de combustible, pues no habrá otra posibilidad en kilómetros. El pueblo desluce un poco al tener la cara manchada de carbón, pero en torno al antiguo **Pozo Julia** se puede hacer algo de arqueología industrial. Un puente de piedra conduce a **Cariseda,** pequeño pueblo de casas con techos de paja, corrales y huertos. Está en el *valle de Fornela* y el paisaje empieza a ser muy gratificante a la vera del río Cúa, que aquí es un nudo de afluencias. La vegetación de mil especies: sauces, alisos, avellanos... En contraste, llegamos a una central eléctrica y a **Peranzanes,** donde lo minero también ha dejado huella. A la derecha queda **Trascastro** y su **iglesia de la Virgen de la Asunción.** Se sigue por **Chano,** de casas circulares, y por **Guimara,** lugares de veraneo pues el invierno en esta zona es demasiado crudo.

Aquí empieza una pista cuyo firme es transitable en la época de buen tiempo. La subida impresiona con sus inacabables curvas y el puerto se llama de Cienfuegos. Coronando, la bajada es más suave y queda el consuelo de que se puede volver por otro

camino. Una sinfonía de verde, ocre y rojizo sosiega y el brezo es el gran solista.

Rozando Asturias se llega a **Balouta,** más conocido como el reino de las **pallozas.** Es hora de dejar el vehículo y realizar a pie un paseo por el tiempo. Los lugareños enseñan sus pallozas por un canon voluntario y tras la sequedad aparente son hospitalarios y buenos conversadores.

Si se quiere ver alguna más de estas construcciones, hay que dirigirse a **Suárbol,** otra de las poblaciones que emergen en este océano de montes y naturaleza poderosa, hoy llamada *Reserva de la Biosfera de Los Ancares Leoneses.*

La bajada a Suárbol es bastante impresionante; antes, no estaría de más una mirada desde arriba, ver el valle de prados, urces y escobas. Se dice que aquí eran frecuentes los osos y que hoy no falta el lobo ni el roble. Hay un corro de una veintena de casas de piedra y pizarra. La antigua escuela se ha convertido en albergue veraniego. Hay algún hórreo caído y alguno en pie, y la vieja **iglesia.** Sobrecoge pensar que en invierno apenas quedan habitantes.

▲ Reserva de la Biosfera de Los Ancares Leoneses.

. . . .
Reserva de la Biosfera de Los Ancares Leoneses
☎ 987 564 907 (en Vega de Espinareda).
🖰 www.ancaresleoneses.es

. . . .
Turismo rural en Los Ancares
🖰 www.ancaresbierzo.com

▲ Colegiata de Santa María y vista general de Villafranca del Bierzo.

ⓘ Oficina de Turismo de Villafranca del Bierzo
✉ Avda. Diez Ovelar, 10.
☎ 987 540 028.
🖥 www.villafranca delbierzo.org

Volvemos de nuevo hasta el cruce, pues no hay mucho tiempo para llegar a Candín, dejando atrás **Tejero** y **Pereda de Ancares,** con sus castaños centenarios. **Candín,** pequeño pueblo ganadero, acaso un café y un refrigerio, acaso un pequeño paseo por los alrededores para estirar las piernas, y volver a Vega de Espinareda, por **Sésamo.**

Desde aquí se sigue hacia Burbia por **Valle de Finolledo** y **San Martín de Moreda**, donde nada más pasar hay una desviación a **Bustarga** y **Villarbón,** pueblo rescatado de la ruina, que es digno de ver. De **Penoselo** a **Burbia** vuelven las curvas como si fueran un torrente de lluvias. El pueblo parece un lugar olvidado, y quizás sea aquí donde resida su belleza.

A solo 5 km, hay un lugar que no se puede dejar de visitar, **Campo del Agua.** El camino es de carros, así que si se cree que el coche no superará la prueba, hay que volver por donde se vino. Si no, el pueblo es para verlo... y se puede seguir hasta **Aira da Pedra.** Aquí no hay pallozas pero eso no varía el habla y la forma de ser de las gentes.

Desde aquí se baja a **Veguellina,** donde la carretera deja a un lado las subidas a **Porcarizas** y **Tejeira,** para seguir por valles de huerta. **Ribón** y **Paradaseca** son los últimos hitos antes de llegar a **Villafranca del Bierzo,** que es una preciosa población cuyas calles componen las páginas de un libro abierto de historia. Dicen que debe su nombre a que fue villa donada a francos que participaron en la Reconquista.

Burgo medieval en el que se resumen el arte románico (**iglesia de Santiago,** con la puerta del Perdón, privilegio jacobeo), gótico (**convento de San Francisco,** con sus magníficos artesonados mudéjares), renacencista (la **colegiata**) o barroco (**iglesia de San Nicolás**).

En arquitectura civil, destaca el **castillo de los Marqueses de Villafranca,** edificio fortificado de finales del siglo xv (privado; no visitable). La **calle del Agua** constituye un auténtico museo de heráldica. **Palacios** como el de los **Marqueses de Villafranca** o el **de Torquemada,** ambos del siglo XVII, sin olvidarse de la **casa natal** del poeta **Enrique Gil y Carrasco.**

Sin lugar a dudas, toda la villa es un lugar magnífico dar un paseo y descansar en sus jardines. También para comer (dicen que a resultas de haber sido lugar de monjes y capitulares, mucho y bien).

La vuelta puede hacerse por la carretera A 6, dirección Madrid, hacia Ponferrada o León.

Astorga y la Maragatería

Al oeste de la provincia se extiende la comarca de la Maragatería, impresionante por la desnudez y dureza de su paisaje y con unas señas de identidad propias.

Apenas a una hora de León se halla Astorga, capital natural de la Maragatería. Ciudad romana (*Astúrica Augusta*) bimilenaria, enclavada en la Ruta de la Plata e hito importantísimo en el Camino de Santiago, de gran atractivo para el visitante, ideal para realizar una excursión urbana con sorpresas gastronómicas y artísticas. Saliendo de León hacia **La Virgen del Camino** se cruzan los pueblos de la vega del Órbigo. En **Hospital de Órbigo** se salva el río por el **puente del Paso Honroso** donde, cuenta la leyenda, en el siglo xv don Suero de Quiñones juró romper 300 lanzas por el amor de una dama. En Hospital, donde reinan en los platos las sopas de trucha, se celebran a principios de junio unas Justas Medievales declaradas de Interés Turístico Regional.

La antigua entrada en **Astorga,** por San Justo de la Vega, cruzando el río Tuerto por el puente curvo, es más bonita ya que desde ella se pueden ver las

Ayuntamiento de Hospital de Órbigo
- Álvarez Vega, s/n.
- 987 388 206.
- www.hospitaldeorbigo.com

Oficina de Turismo de Astorga
- Plaza Eduardo de Castro, 5.
- 987 618 222.
- https://turismoastorga.es

Museo Romano (Ergástula)
- Pza. San Bartolomé, 2.
- 987 616 937.
- www.asturica.com
- De julio a septiembre, de 10 h a 14 h y de 16.30 h a 19 h. De octubre a junio, de 10 h a 14 h y de 16 a 18 h. Domingo tarde y lunes cerrado.
- 3 €. Combinada con el Museo del Chocolate: 4 €.

Ruta Romana
- Información y reservas en en Museo Romano.

Centro de Interpretación del Chocolate (Museo)
- Padres Redentoristas, 16.
- 618 015 672, 987 615 593.
- www.chocolateriala cepedana.com

◄ Portada de la catedral de Astorga.

Castrillo y el cocido maragato

Castrillo de los Polvazares está a 5 km de Astorga. Pueblo alargado a través de una calle principal, cuentan que fue su origen la confluencia de dos castros: San Martino y el Teso de la Mesa. Su estructura y sobriedad,

así como la unidad de su trazado nos trasladan a un pasado medieval: núcleos urbanos surgidos en su día en torno a la iglesia y que conservan hoy todo su encanto. La fisonomía que presenta responde al momento más glorioso de la arriería maragata. A ello se deben la amplitud de sus calles, los grandes portalones de arco para los carruajes y los espaciosos patios para las cuadras. El suelo arcilloso, sobre el que se asienta el pueblo, era propicio a los socavones, de modo que se buscó la solución de empedrarlo con canto rodado. Mucha fama alcanzó el cocido maragato, tanto, que en algún lugar hay que reservar con meses de antelación, pero que no haya miedo, siempre hay un sitio donde probarlo. También se puede catar en Santa Colomba de Somoza. No se ponen de acuerdo los estudiosos sobre el porqué se come al revés. Primero las carnes, después los garbanzos y para cerrar la sopa. Dice Félix Pacho Reyero en su libro *Del buen yantar en la ruta jacobea*: «Debemos empezar a comer el compango del pote, o seáse la cecina entrecallada, la oreja, la pata y el morro de cerdo, las carnes de vaca y gallina, el relleno de tortilla y hierbabuena, el chorizo y el tocino; después los garbanzos, las patatas y hortalizas; y finalmente, para, si sobra, que sobre lo menos valioso, viene la sopa, la cual llevará arroz, fideos o pan simplemente, pero tan espesa que pueda cortarse con cuchillo de encetar la hogaza y pueda clavarse sobre ella el tenedor de palo de urz».

murallas. Una vez en el centro urbano, urge dejar el coche bien aparcado y buscar la coqueta **Plaza Mayor,** con soportales. Aquí está el **Ayuntamiento** y su curioso **reloj,** donde los maragatos Juan Zancudo y Colasa, dan las horas desde el siglo XVIII. Detrás del mismo se puede ver la **Ergástula** (cárcel romana), sede del museo, y la **plaza romana,** junto al **convento de los Padres Redentoristas.**

Desde allí, se está muy cerca del impresionante y largo paseo de la muralla, cuya vista es única con el Teleno al fondo, con bancos y arbolado. Si se recorre hasta el final, pasado el tapial del Seminario, se puede tomar la calle José Díez Novo hasta el **convento de Sancti Spiritus.** La calle Portería lleva a la **catedral** (terminada en el siglo XVIII), con su fachada renacentista y barroca. En el interior esconde bellos tesoros y, adjunto, está el **Museo Catedralicio.** Al

**Catedral
y Museo Catedralicio**
- Pza. de la Catedral, s/n.
- 677 306 033.
- https://catedralastorga.com
- De lunes a domingo de 10 h a 20.30 h.
- 7 €.

lado se levanta el **Palacio Episcopal,** obra inacabada del genial Gaudí (construido entre 1889 y 1913) que alberga el **Museo de los Caminos,** con una extensa colección de obras artísticas relacionadas con el pasado de la ciudad y la comarca. Pasear por esta villa de unos 10.000 habitantes es una delicia. Hay que perderse por sus calles angostas y sus ensanches, chateando aquí y allá y, cómo no, comprar sus famosas y riquísimas mantecadas.

Si el viaje, las compras, los aperitivos y la visita han despertado el hambre, son muchas las posibilidades que hay en Astorga de acertar con un cocido maragato; pero yendo a **Castrillo de los Polvazares,** se matan dos pájaros de un tiro: se ve un pueblo congelado en el tiempo, con una conservación sin igual y se degusta un cocido garantizado.

Después de llenar el estómago y la vista, se puede hacer una excursión que es como un círculo desde Castrillo. Pasando por **Pedredo,** donde hay un **castro romano,** se sigue hasta **Lucillo** y **Filiel** para admirar los **petroglifos de Peña Fadiel,** de la Edad del Bronce. Alcanzar el pueblo de piedra de **Luyego** es un instante. Luego son varias las opciones, ya que los pueblos maragatos son bellos por naturaleza: en **Santiago Millas** abre sus puertas el **Museo de la Arriería Maragata; Turienzo de los Caballeros,** suma a su plaza pública repleta de nogales una **iglesia** con vestigios románicos y el **torreón de los Osorio** (siglo XIV); en **Santa Colomba** se debe visitar el **Museo Casa Maragata.** Y, finalmente, en **Val de San Lorenzo** se encuentra el **Batán Museo La Comunal.**

▲ Palacio Episcopal de Astorga.

• • • • • • • • •

Museo de los Caminos.
Palacio de Gaudí
✉ Plaza Eduardo Castro, 15.
☎ 987 616 882.
🖰 www.palaciodegaudi.es
🕐 De mayo a octubre, de lunes a domingo de 10 h a 14 h y de 16 h a 20 h. De noviembre a abril, de lunes a domingo de 10.30 h a 14 h y de 16 h a 18.30 h.
🎟 6 € (10 €, visita guiada)

La Cabrera

Se sale de León en busca de un paraje extraordinario, misterioso, olvidado: La Cabrera o, mejor dicho, Las Cabreras, ya que se pueden distinguir la Alta y la Baja. La primera, en torno al río Eria, y la segunda en el curso del río Cabrera. Es la zona más suroccidental de la provincia de León, donde esta linda con Ourense y Zamora. Para llegar allí hay que cruzar las tierras del Páramo y la Maragatería.

Hay dos caminos para llegar a La Bañeza. Uno es salir de la capital por la carretera de Zamora y, a pocos kilómetros, tomar un desvío hacia Santa María del Páramo (CL 622). Esta ruta permite echar una ojeada a los campos parameses. La otra opción es salir hacia Astorga y, al llegar a Hospital de Órbigo, girar a la izquierda hacia La Bañeza. Este camino es más rápido.

La Bañeza es una clásica ciudad comercial, de gran ambiente, por la que merece la pena callejear. El modernismo de las casas céntricas es una prueba más de su pujante comercio. Se puede visitar la **plaza** con sus soportales, la **iglesia de Santa María** (siglo XI), que destaca tanto por su torre como por el retablo que alberga en su interior del escultor local renacentista Francisco de Rivera y la escultura de *La Piedad* de Gregorio Fernández. No desmerece tampoco la **iglesia de San Salvador**, que data del siglo XVI, y que cuenta en su interior con una colección de pasos procesionales.

La Bañeza, aparte de ser una ciudad de tapeo antológico, ofrece una variada e interesante oferta museística, entre las que destaca el **Museo-fábrica de harinas "La Única"** y el **Centro de Interpretación de las Tierras Bañezanas**. Además, si se visita en la época, se verá y vivirá un carnaval inolvidable.

Se sale de La Bañeza hacia el *valle de Jamuz,* pasando por **Herreros**. Después se sigue la carretera que cimbrea entre pinares y encinas hasta que, tras un altozano, se vean las estribaciones del río Eria. Se llegará a **Nogarejas** que, dicen sus mentores, es tierra de arcillas rojas y nogales pequeños. Ya se ve a lo lejos la espalda o el perfil de ese monte enorme que es el *Teleno*. Los pinos hacen un pasillo para llegar a **Castrocontrigo**, cuyo nombre resulta absolutamente explicativo de sus tierras paneras. Las casas son de mampostería y arcilla.

● ● ● ● ● ● ● ● ●

🛈 **Oficina de Información Turística de La Bañeza**
✉ Fray Diego Alonso, 9.
☎ 987 656 737.
🖥 www.turismo labaneza.es

▼ Cascada de Aguas Altas, en la sierra del Teleno.

Se está entrando en La Cabrera por la vega que el Eria crea por encima de Castrocontrigo. La carretera cruza o roza **Torneros de Valdería** y **Morla**. Las primeras pizarras caen sobre las casas, el río acompaña sin tregua el camino con su agua cristalina, fría y atractiva para los pescadores. A un lado y otro van quedando cruces que dicen «pozos» o «manzanedas», a los que se puede subir para avistar lo más alejado o para respirar el aire puro o escuchar los silencios que, a partir de aquí, van siendo cada vez más frecuentes. Siguiendo la torrentera de pueblos se debe entrar en todos los posibles: **Villar del Monte, Quintanilla de Yuso, Valdavio, Cunas...**

Se nota que se está en La Cabrera porque el monte descubre su cuerpo de peña. Se llega a **Truchas**, donde la casa tradicional era llana y hecha con loja de piedra. El pueblo es pequeño pero pasear por sus calles es adentrarse en lo antiguo; se considera el epicentro de la llamada **Cabrera Alta**. En sus alrededores, **Truchillas**, se abre a un lago y, al otro lado, **La Cuesta**, que es un buen **mirador**. Tomando ahora la carretera que conduce a **La Baña**, se pasa por un puñado de pueblos apiñados: **Iruela, Ambasaguas, Quintanilla de Losada, Robledo de Losada, Castrohinojo** y **Encinedo**. Son el corazón de *La Cabrera*, tierra dolorosa y olvidada, pero de una belleza y un recogimiento insólitos.

- - - - - - - -
Centro de Interpretación de Las Tierras Bañezanas
- ✉ Fray Diego Alonso, 9.
- ☎ 987 656 737.
- 🕐 De martes a sábado, de 10 h a 14 h y de 16 h a 19 h (invierno) o de 17 h a 20 h (verano); domingo, de 11 h a 14 h. Lunes cerrado.

- - - - - - - -
🏛 **Ayuntamiento de Encinedo**
- ✉ Plaza Adolfo Suárez, s/n.
- ☎ 987 664 069.
- 🖥 www.aytoencinedo.es

Museo Etnográfico de la Cabrera
- ✉ Pje. del Oteiro, s/n. Encinedo.
- ☎ 987 664 069 (Ayuntamiento).
- 🕐 Concertar visitas.
- 💶 Gratuito.

▼ Vista de Ambasaguas.

La Cabrera

Para hablar de este lugar es aconsejable ir de la mano de quien mejor lo conoce, un cicerone de lujo, un escritor leonés que recorrió este territorio y escribió el inolvidable libro, con título tan elocuente como *Donde las Hurdes se llaman Cabrera,* don Ramón Carnicer. Visitó en 1962 La Cabrera y estas son algunas de sus aclaratorias visiones: «Me encontré entonces con una situación lastimosa, tanto en lo humano como en lo administrativo, evidencia de una absoluta despreocupación por parte de los poderes competentes. Había un médico en Encinedo y otro en Truchas. Los caminos eran infames. Servían para mal andar a pie, en burro o en carro de vacas, siempre en peligro de vuelcos o de despeñamientos. Los pueblos estaban a media altura de una u otra de las empinadas vertientes que confluyen en el río. Las vacas eran ruines, escuálidas, por falta de selección y por su incesante ejercicio de parir terneros, dar leche, tirar del carro y arar (...). Las casas, a veces de una planta y las más de dos, albergan en la inferior a los animales, y a las personas en la de arriba, separadas una y otra por tablones desajustados que daban paso a ruidos y olores (...). La alimentación básica de los más era el pan y el caldo: un cocimiento de verdura, cuando la había, o vainas secas de fréjol con castañas pilongas o patatas, cuando las había también, al cual se añadía, por quienes mataban cerdo y mientras duraba, un trozo de tocino o de otra parte de animal (...). El racionamiento de la guerra y de la posguerra constituyó para muchos cabreirenses una revelación merced al aceite, arroz, azúcar, chocolate y otros productos ajenos a la dieta usual (...). La endogamia determinada por lo precario de las comunicaciones, el matrimonio entre consanguíneos, la falta de higiene, la condición de las aguas, carentes por su pureza de elementos minerales imprescindibles para el organismo, hacían crónico el bocio y el cretinismo». Hoy, algunas cosas han mejorado debido a la emigración de la mayor parte de las gentes que aquí habían vivido y, la apertura de minas de pizarra. O sea, que la mejora conlleva, paradójicamente, casas en ruina, escuelas vacías y ausencia de antiguas fiestas. En palabras de don Ramón: «En resumen, La Cabrera, comarca de pretérito no muy significativo, en parte porque su disposición geográfica, sobre todo en la Baja, y el no ser camino hacia ninguna parte proporcionaban el aislamiento, desde finales del siglo último y en los primeros tres cuartos del presente ha sido una comarca de pobreza y dolor. Su futuro se presenta sin duda incierto, aunque puede predecirse que no será muy significativo tampoco, al menos el inmediato».

Asombroso espectáculo, ese grandioso valle festoneado de faldas de monte. Por **Losadilla** se sube hasta **La Baña,** cruzando innumerables arroyos que vierten sus aguas al río Cabrera. El pueblo es el más importante de la zona. Las explotaciones de pizarra son una ganancia para sus habitantes. Desde aquí se puede hacer una de las excursiones a pie más

▲ Sierra de la Cabrera Baja.

impresionantes de la provincia, de 12 km. Al final, como una gran cavidad de agua, rodeada de picos de una altura de 2.000 m, está el impresionante *lago de Baña.*

Vuelta al pueblo y, desde él, deshaciendo el camino hasta **Nogar,** donde el río da una curva impresionante, se toma un desvío hasta el pueblo de **Corporales.** La cuesta es empinada y al llegar se puede comprobar la esencia de La Cabrera. Este es el lugar preciso para perderse.

Bajando cuidadosamente la cuesta, se sigue camino por **Saceda, Noceda, Castrillo** y **Marrubio.** Estas fueron tierras de maquis después de la Guerra Civil. Los lugareños cuentan mil y una historias de aquellos tiempos; de cómo se vivió aquí, cosechando el grano, trillándolo a mano...

Siguiendo el camino se llega a **Odollo** y a **Llamas de Cabrera.** Por aquí se pueden divisar numerosas aves, corzos o jabalíes. Llegando a **Santalavilla** el paisaje se adormece hasta ser una vega suave. Se pasa por **Pombriego, Castroquilame** y **Puente de Domingo Flórez.** Dicen que es villa pizarrera, comerciante, de ricas huertas y que ha prosperado. Ya en tiempos de los romanos fue un cruce frecuentado de caminos.

En los alrededore: está **San Pedro de Trones** y, si se quiere llegar a Galicia, O Barco de Valdeorras.

En Babia y en Laciana

Se sale de León por la carretera de Caboalles, cruzando entre chalés la sombra de los pueblos que fueron Villabalter, Azadinos, Pobladura... hasta llegar a Lorenzana, donde se comienza a ascender al monte de Camposagrado.

En estos 15 km de pinos y monte bajo, se puede ver la **ermita de Nuestra Señora de Camposagrado** (siglo XII), donde cada 8 de septiembre se celebra una popular romería. Avanzando se ven las peñas escarpadas a un lado de Carrocera, Santiago de las Villas y Viñayo. Se pasa por **Otero de las Dueñas,** que conserva una iglesia recia de prinicipios del siglo XX, con una torre maciza por campanario, y se llega a **La Magdalena,** ocasión para tomar un café en este pueblo floreciente por el comercio y el trabajo.

Hacia **Los Barrios de Luna** y su **embalse** se pasa por **Garaño,** que aún conserva un pequeño castro, **Vega de Caballeros** (o Vega de los Perros,

Ayuntamiento de Los Barrios de Luna
Real, s/n.
987 581 492.
www.aytolosbarrios deluna.es

Museo del Pastor
Carretera Vieja, s/n. Barrios de Luna
987 581 424.
Abierto los meses de julio, agosto y septiembre. Funciona como Oficina de Turismo.

porque aquí hacían invierno los mastines que no trashumaban a Extremadura) y **Mora de Luna**. En estos lugares la arquitectura ya anuncia montaña y no es extraño ver pescadores con sus aparejos, pues es esta zona de truchas.

Unas curvas más y el río se presenta hecho embalse, apareciendo el antiguo e inservible puente de Aralla y el flamante nuevo puente, obra de Fernández Casado, contrastando como dos mundos opuestos.

Transitamos por el territorio del **Parque Natural de Babia y Luna**, aprobado en marzo de 2015, y que se solapa con dos **Reservas de la Biosfera** de la Unesco (**Babia,** por un lado, y los **Valles de Omaña y Luna,** por el otro). En pleno corazón del parque está **Sena de Luna,** pueblo trashumante de casas hidalgas y cielos estrellados.

Rabanal de Luna, a un lado, y **Villafeliz,** al otro, hacen pasillo para que la vista compruebe que ya se está en Babia. La verdad es que el paisaje es para embelesarse: aguas mansas que solo las truchas agitan, exuberante el soto y surtido de sauces, olmos y chopos, rincones paradisíacos de un valle entre montañas...

Calidad Turistica Laciana
☎ 666 796 682.
🌐 www.calidadturistica
laciana.org

Ayuntamiento de Sena de Luna
✉ Magistrado Rodriguez Quirós, s/n.
☎ 987 597 751.
🌐 www.senadeluna.es

▼ Embalse de Los Barrios de Luna.

▲ Río Sil en su transcurso por el norte de León.

● ● ● ● ● ● ● ●

ℹ Ayuntamiento de San Emiliano
✉ Ctra. a Ventana, s/n.
☎ 987 594 029.
🌐 www.aytosanemiliano.es

Pasado Villafeliz, hay un cruce a la derecha que se debe tomar antes de llegar a Truébano. A esta zona la llaman la Babia Baja. Se llega a **San Emiliano,** cruce que divide el ganado hacia los pastos: a la derecha Los Pinos y a la izquierda La Majúa. Siguiendo derecho por Torrebarrio y Candemuela hasta llegar al *puerto de la Ventana,* se deja a la derecha la impresionante *peña Ubiña* (2.417 m). Desde lo alto de la Ventana se ve Asturias al otro lado. En el cruce se puede hacer una última incursión, esta vez hasta **Torrestío,** con su **cascada** de la foz, y el *puerto de Mesa;* prados verdes, piedra y caballos; acampada para los más osados, antes de bajar de nuevo al cruce.

Dejando la Babia Baja y adentrándose en Babia Alta por **Villasecino,** merece la pena entretenerse en este pueblo de rúas estrechas y casas de piedra, y buscar el **caserón-palacio de Lorenzanas,** del siglo XVII. Del siglo XVIII data la iglesia. Es un lugar precioso y bien cuidado que no desmerece del entorno de montañas y prados.

▲ Vista de las montañas en la comarca de Laciana.

Cerca queda un grupo de casas que se llama **Truebano**; dicen que era territorio de monjes segovianos y madrileños que controlaban miles de cabezas de ganado y cientos de pastores. Ahora es tiempo de «embabiarse», de tomar y dejar la carretera a un lado y otro e ir visitando cada pueblo que no todos salen, sumisos, al camino.

Después vienen **Cospedal**, una venta en la carretera y el pueblo arriba; **Robledo** en otro cruce y más tarde, en el camino, **Huergas,** donde se estrecha el valle y se abrazan la piedra y la pizarra. Allí nos dirigimos hacia **Riolago,** que tiene un **palacio** del siglo XII perfectamente rehabilitado y que actualmente se utiliza como **Casa del Parque Natural de Babia y Luna.** Cuenta con una capilla que llama la atención. Volviendo a la carretera se pasa por **San Félix de Arce, La Riera, Torre de Babia** y **Cabrillanes,** lugar frecuentado por veraneantes. Desde aquí se puede salir por **Piedrafita de Babia** hacia el puerto de Somiedo, dejando a un lado la **ermita de la Virgen de Carrasconte,** donde

Museo Etnográfico y de la Trashumancia
✉ La Villa, s/n (Torre de Babia).
☎ 608 702 702.

Casa del Parque Natural de Babia y Luna
✉ Palacio de Quiñones. Real, s/n (Riolago).
☎ 987 687 554.
🖥 https://patrimonionatural.org

Ayuntamiento de Cabrillanes
✉ Ctra. de León, km. 17.
☎ 987 488 831.
🖥 www.aytocabrillanes.es

cada 15 de agosto se celebra una animada romería comarcal. Aquí, cuenta la tradición que Alfonso X usó la *Pedra furada* –piedra megalítica "perforada"– para delimitar las comarcas de Babia y Laciana allá por el año 1270.

El valle de Laciana es un cúmulo de montañas nevadas, prados verdes y negras minas. Se puede subir desde aquí a **Lumajo,** donde las hayas se hacen más frecuentes, y la naturaleza se viste sus mejores galas, a base de sauces, piornos, fresnos y urces. Del pueblo salen caminos que llevan a los chozos que habitaron los pastores en las temporadas de soledad.

Volviendo a Villaseca se sigue hacia Villablino, la capital lacianiega. Se pasa primero por Robles y Rioscuro, pueblos mineros, dejando a un lado Sosas.

Villablino parece un pueblo inventado sobre otro que ya se debió olvidar. Sus ocho mil habitantes proceden de muchos lugares, como su arquitectura, que de montañesa no tiene casi nada. Posee altos edificios y largas avenidas, un **monumento a los mineros,** la **iglesia** y la **casa de cultura.** Todos los servicios y todos los comercios se pueden encontrar aquí.

Se puede salir hacia **San Miguel** que casi parece un barrio de la ciudad, pero que conserva aún rincones con un sabor especial, como **La Casona,** una construcción típica lacianiega de piedra que no oculta la vida tradicional. Después se pasa por **Villager** y **Caboalles de Abajo,** localidades que pliegan su vida al carbón y a los turnos de la mina.

Ayuntamiento de Villablino
Avda. de la Constitución, 23.
987 470 001.
www.aytovillablino.com

«Estar en Babia»

Esta expresión de significado general (estar absorto, ensimismado) abre al misterio un paisaje local, un lugar concreto que de alguna manera se hace mágico. Muchas son las explicaciones de su origen pero, como ocurre con lo misterioso, ninguna agota su entidad fantástica. Se dice que aquí se retiraban los reyes de León para alejarse de las tensiones y los manejos palaciegos, momento que aprovechaban los nobles cortesanos para hacer y deshacer a su antojo, porque los reyes no se enteraban o no se querían enterar: estaban en Babia. Se atribuye también al hecho de ser tierra bucólica: de pastores y trashumancias, de largas ausencias que envolvían en una suerte de nostalgia que dejaba absorto al recordar. Otros lo ven como una representación simplemente apegada al lugar, un paisaje privilegiado que suspende lo real, que trasmuta al que está y al que no está le devuelve a una especie de Arcadia imaginaria con situación en el mapa. Lectura obligada resulta la obra *Relato de Babia* del escritor lacianiego Luis Mateo Díez.

A la izquierda, hacia **Caboalles de Arriba,** sale una invitación para asomarse al *puerto de Cerredo*. Al frente, si se prefiere, se halla la subida a *Leitariegos;* ahí el paisaje se olvida de los agujeros negros y regala un verdor espléndido que, en otro tiempo, fue el imperio de los osos. Por esta zona hay que escuchar el peculiar habla de las gentes del lugar que se suele denominar «pachuezu», una forma dialectal del bable. Para los más intrépidos o más afortunados con su tiempo, la vuelta a León puede ser una nueva aventura tomando una ruta diferente a la de ida, en dirección a La Magdalena.

Situándose de nuevo en Cabrillanes, se puede pasar por Peñalba de Ciñeros y Los Bayos, justo antes del puerto de La Magdalena que, al bajar, desemboca en **Murias de Paredes.** Esta villa que aún conserva su belleza, ha perdido, no obstante, la animada concurrencia de los grandes mercados y su pujanza comercial y económica de otro tiempo que la llevó a ser cabeza de partido judicial. Hoy en la tranquilidad de sus calles y plazas parece oírse, con sordina, el bullicio de aquel pasado no tan lejano. La silueta de su **iglesia** parroquial preside el hermoso caserío.

Muchas son las llamadas al viajero para perderse por los altos, pero si el tiempo apremia, se debe seguir hacia el río Omaña en su caída hasta **Riello,** otra oportunidad de parar a estirar las piernas y tomar un vino. Después por **Oterico, Amio** y **Bobia** se llega de nuevo a La Magdalena que ofrece «parada y fonda» o vuelta a León por la vía rápida (A 66).

Centro del Urogallo
- ✉ Real, s/n (Caboalles de Arriba).
- ☎ 987 490 107.
- 🌐 https://patrimonionatural.org

🛈 Ayuntamiento de Murias de Paredes
- ✉ Pza. del Ayuntamiento, 2.
- ☎ 987 593 007 / 082.
- 🌐 www.aytomuriasdeparedes.es

Por Tierra de Campos

En Tierra de Campos, con destino Sahagún, se puede volver por la ribera del Esla, de vegas y páramos, y ver Valencia de Don Juan. No deben sorprender las hileras de sufridos peregrinos, si es verano, pues este es un brazo del Camino de Santiago. Tampoco deben sorprender el adobe, la sequedad de la tierra, los campos inmensos, las bodegas sobre las lomas y los palomares alejados de los pueblos y, en muchos casos, abandonados

● ● ● ● ● ● ● ●

**ℹ Ayuntamiento
de Mansilla de las Mulas**
✉ Pza. del Pozo, 12.
☎ 987 311 800.
🖥 www.aytomansilla
delasmulas.es

**Museo de los Pueblos
Leoneses**
✉ San Agustín, 1.
Mansilla de las Mulas.
☎ 987 311 923.
🖥 www.institutoleonesde
cultura.es
💳 5 €.

▼ Paisaje de Tierra
de Campos.

Se sale de León por la llamada carretera de Madrid (hoy en día una autovía lleva de un tirón hasta Sahagún; para tomarla hay que ir a Onzonilla en la carretera de Zamora; sin embargo esta opción priva de deleitarse con el camino), por el **Puente Castro,** que fue judería y la loma breve del Portillo. El **Puente Villarente** cede paso sobre el río Porma para llegar, por una recta inmensa, a Mansilla de las Mulas. Antes, desde el puente se puede llegar a **San Miguel de Escalada,** templo mozárabe construido en el siglo X, de una gran belleza.

  Mansilla de las Mulas es un pueblo señero de la rica vega del río Esla. Conserva sus murallas medievales y sus famosos huertos. Siguiendo hacia el sur, el paisaje va ensamblando el verdor de la vega y sus choperas con los campos trigueros y los secanos inabarcables con la vista. Se sigue paralelo y se cruza en ocasiones la vía férrea, dejando atrás Santas Martas, Matallana de Valmadrigal... a pocos kilómetros hay un desvío que anuncia Sahagún de Campos, y que hay que tomar para llegar a Castrovega de Valmadrigal y La Veguellina.

Cuando se llega a **Castrotierra, Valecillo** y **Gordaliza del Pino** se empieza a entender qué y cómo es la Tierra de Campos.

Siguiendo la carretera, antes de llegar a Calzada del Coto, una desviación avisa de la cercanía de las localidades de **Bercianos del Real Camino** y el **Burgo Ranero,** lugares por los que discurre la principal arteria jacobea, el llamado Camino Francés). En el primero está la **iglesia del Salvador,** donde merece la pena subir a la atalaya que es el campanario y echar una ojeada a ese océano de campos.

Calzada del Coto es pueblo famoso por sus bodegas. En los alrededores se encuentran restos de la antigua **Vía Trajana,** calzada romana que unía Zaragoza y Astorga, y la **ermita de San Roque.** En este término se pueden encontrar encinas y un mítico árbol: el roble mirador, de unos 35 o 40 m de altura, un verdadero fósil de lo que debió ser el arbolado autóctono.

Se está muy cerca de **Sahagún de Campos,** a donde se entra por un pequeño pero bello puente de piedra sobre el río Cea que se llama **Puente Canto.**

Sahagún creció desde el siglo XI a la sombra de un monasterio benedictino. La villa fue pujante y gozó de esplendor por ser un lugar señalado del Camino. Mercaderes y artesanos tuvieron aquí sus talleres. En el siglo XIV fue la sede de una Universidad que quiso medirse en prestigio con la de Salamanca y que después se trasladó a Navarra.

Viéndola hoy, entre ovejas y cereales, dormida, resulta difícil imaginarse todo ese trasiego que se llevaron los siglos. Pero algunas cosas quedan, como un impresionante arco que fue fachada del antiguo convento, la **iglesia de San Tirso,** templo de ladrillo románico-mudéjar muy bien conservado; **San Lorenzo,** al lado de la plaza, también de ladrillo e impresionante torre con arcadas; el **santuario de la Peregrina,** cuyo artesonado no es nada despreciable y que cuenta con un mirador sobre todo el valle.

Las calles de Sahagún son tranquilas, pero la plaza y sus soportales están llenos de bares y comercios, donde se pueden encontrar *amarguillos,* dulces típicos de aquí que elaboran con las almendras las madres benedictinas, o unos puerros típicos.

Saliendo de Sahagún aparece **San Pedro de las Dueñas,** que alberga un **monasterio** románico de piedra y ladrillo. A tan solo 2 km está **Grajal de Campos.** Todo el pueblo es una maravilla arquitectónica y pasear por sus calles es una delicia. Su **castillo,** en buen estado de conservación aunque solo se visita por fuera, data del siglo XVI. El **palacio**

▲ Iglesia de San Lorenzo en Sahagún.

. . . .

ℹ Oficina de Turismo de Sahagún
✉ El Arco.
☎ 987 781 015.
🖥 www.turismosahagun.com

Museo Sacro de las Madres Benedictinas
✉ Doctores Bermejo y Calderón, 8. Sahagún.
☎ 987 780 078.
🖥 www.monasterio santacruz.com

Iglesia de San Tirso
✉ Plaza San Tirso, s/n.

Iglesia de San Lorenzo
✉ Plaza de San Lorenzo, s/n.

Museo de la Semana Santa de Sahagún
✉ Plaza de San Lorenzo, 13.
☎ 987 781 015 (Oficina de Turismo).
🕐 Consultar horarios de las iglesias y el museo en la Oficina de Turismo.

**Monasterio San Pedro
de las Dueñas**

✉ Ctra. de Sahagún a
San Pedro de las Dueñas.

☎ 987 780 150.

🕐 Llamar al timbre del
monasterio, de lunes a
domingo y festivos.

● ● ● ● ● ● ● ● ●

🛈 **Oficina de Turismo
de Valencia de Don Juan**

✉ Jardín de los Patos, s/n (solo
en verano).

☎ 987 497 659, 987 751 110.

🖳 www.valenciadedonjuan.es

**Museo de la Indumentaria
Tradicional Leonesa (MITLE)**

✉ Plaza del Salvador, 4.

☎ 987 750 893.

🎫 2 €.

**Museo del Castillo
de Valencia de Don Juan**

✉ Plaza Santo Domingo, s/n.

☎ 987 751 110, 608 771 725.

🕐 Visitas guiadas: consultar
horarios.

🎫 2 €.

▼ Castillo de Valencia
de Don Juan.

de los Condes, construido por los condes de Grajal, es un edificio renacentista con un maravilloso patio interior y una escalera monumental. Por último es reseñable la **iglesia de San Miguel** (siglos XVI y XVII), con importantes imágenes renacentistas y barrocas.

Si se continúa hacia el sur se pisa la provincia de Valladolid en Melgar de Arriba y de Abajo, Saelices de Mayorga, Mayorga y Castrobol, hasta llegar a **Gordoncillo** otra vez en León, siguiendo los pasos del río Cea. Gordoncillo es el preámbulo de **Valderas,** un poco más allá. Hay que parar y perderse entre las casas blasonadas y el trazado irregular de las calles, hasta llegar a la plaza con arcos de entrada.

Dejando Valderas se cambia de ribera para acercarse desde la del Cea a la del Esla. Villafer, Campazas y Villaornate salen al paso. El paisaje es hermoso comparándolo con el de la más cruda Tierra de Campos. Aquí hay llanura pero la cercanía del río se deja notar.

Se llega a **Valencia de Don Juan** y el viaje se va tornando regreso. Valencia fue villa importante en el Medievo, que se llamó *Coyanza* (sus habitantes son coyantinos de gentilicio). Su **castillo,** derruido en parte, es uno de los más esbeltos e impresionantes de la provincia. A la fortaleza, que domina el río, se puede subir por unas escaleras de reciente construcción. Valencia se ha convertido en una localidad muy frecuentada por veraneantes. En invierno es un lugar apacible por donde callejear sin prisas.

Para ir a León se atraviesa la *comarca de Los Oteros,* tierra de vino joven de aguja, de grandes choperas y de una huerta afamada. Esto se comprueba en **Fresno de la Vega,** donde dicen que se pueden ver los pimientos más hermosos y enormes del mundo. A medida que se entra en la comarca, el paisaje se puebla de más y más bodegas; algunas son merenderos. Merecen mención especial las de **Valdevimbre,** al otro lado de la carretera de Zamora.

Siguiendo el camino hacia León se pasa por **Cubillas** y **Gigosos de los Oteros,** donde hay un palomar circular muy vistoso. **Villalobar** y **Cabreros del Río** siguen con la tónica fértil de la vega y los tapiales de adobe.

Se llega a Palanquinos y de allí, a un paso, **Vega de Infanzones.** Hasta León las curvas sortean huertas y en **Grulleros** se ve otro palomar y la iglesia de ladrillo rojo y canto rodado. Después Torneros y Vilecha ya huelen a huertas de fin de semana para los que se escapan de la capital. **Trobajo del Cerecedo** se alarga en la carretera y ya es casi León.

Bodegas y palomares

Algunos estudiosos se han cuidado de explicar estas construcciones tan características de la tierra llana. Por ejemplo, G. Fernández Balbuena, dice en su artículo «La arquitectura humilde de un pueblo del páramo leonés», hablando de las bodegas de tierra: «Son pintorescas, no solo por la traza de su conjunto, que constituye una reproducción fidelísima –lo que no quiere decir que yo la suponga derivada– de los hipogeos egipcios, sino también por los detalles, arbitrarios casi de continuo, que caracterizan la línea de sus bóvedas y arcos interiores, siempre practicados en la tierra desnuda. Córtase a pico, en el talud mediodía de un alcor, un frente a plomo; después de bien alzado y peinado el corte, trázase en él la forma directriz de la perforación, que suele ser la de un arco de medio punto, de 1 o 2 m de diámetro y comienza a labrarse la bodega. A 1 m o 1,50 m de profundidad, a uno y otro lado de la cueva, se practican dos socavones o nichos que sirvan para sentarse y catar los vinos, para posar las jarras de él y los típicos barriles de paja, en tanto se evacúan otros menesteres, para dejar las llaves de la cueva y la merienda mientras la labor se realiza en el interior. Unos metros más adelante no ha de faltar un pozo, profundo hasta donde sea menester, para conseguir agua, necesaria siempre en la cueva: han de limpiarse las cubas. De 6 en 6 m o de más en más a veces, según lo pida y consienta el terreno, se hacen ensanchamientos de la galería, son los lugares importantes de la cueva; en ellos van a realizarse las más de las operaciones de elaboración del vino. Estos ensanchamientos son los ventanos de paso cuando la galería se quiere profunda e importante; y entonces, a derecha e izquierda de ellos, se hacen dos grandes nichos para dos cubas, ventanos de término de cueva (...) Los ventanos al ejecutarse, se excavan simultáneamente del interior de la galería hacia arriba, y desde arriba, desde el interior, hacia abajo, por medio de un pozo, que se traza cónico, de menor a mayor, con su base máxima en la profundidad, en el suelo del ventano, en el lugar de las cubas. El resto de las dependencias de la cueva se excavan según arte; así el lagar, el pilo, los espacios útiles para la viga, etc.».

Respecto a los palomares, del artículo «La vivienda popular en España» de L. Torres Balbás, recogemos este breve comentario: «Rodean muchos de los pueblos, por Tierra de Campos, unas construcciones aisladas, de planta rectangular algunas veces, circular casi siempre, con pretensiones decorativas de las que suelen carecer totalmente las pobres viviendas inmediatas: son los palomares. De barro, ladrillo o mampostería guarnecida, bien blancos de cal, tienen tradicionalmente un aspecto pintoresco, al introducir en su construcción elementos decorativos y superfluos: tejados a diferentes alturas, muros que se prolongan por encima de la cubierta, siempre de escasa pendiente, pináculos bordeando tejados y albardillas. ¿Provendrá este contraste entre el relativo adorno de los palomares y la austeridad de las viviendas del interés sentido por la propiedad que produce renta y, por el contrario, de la indiferencia por la aparentemente improductiva (la casa en que se vive)?».

Mapa
de
León

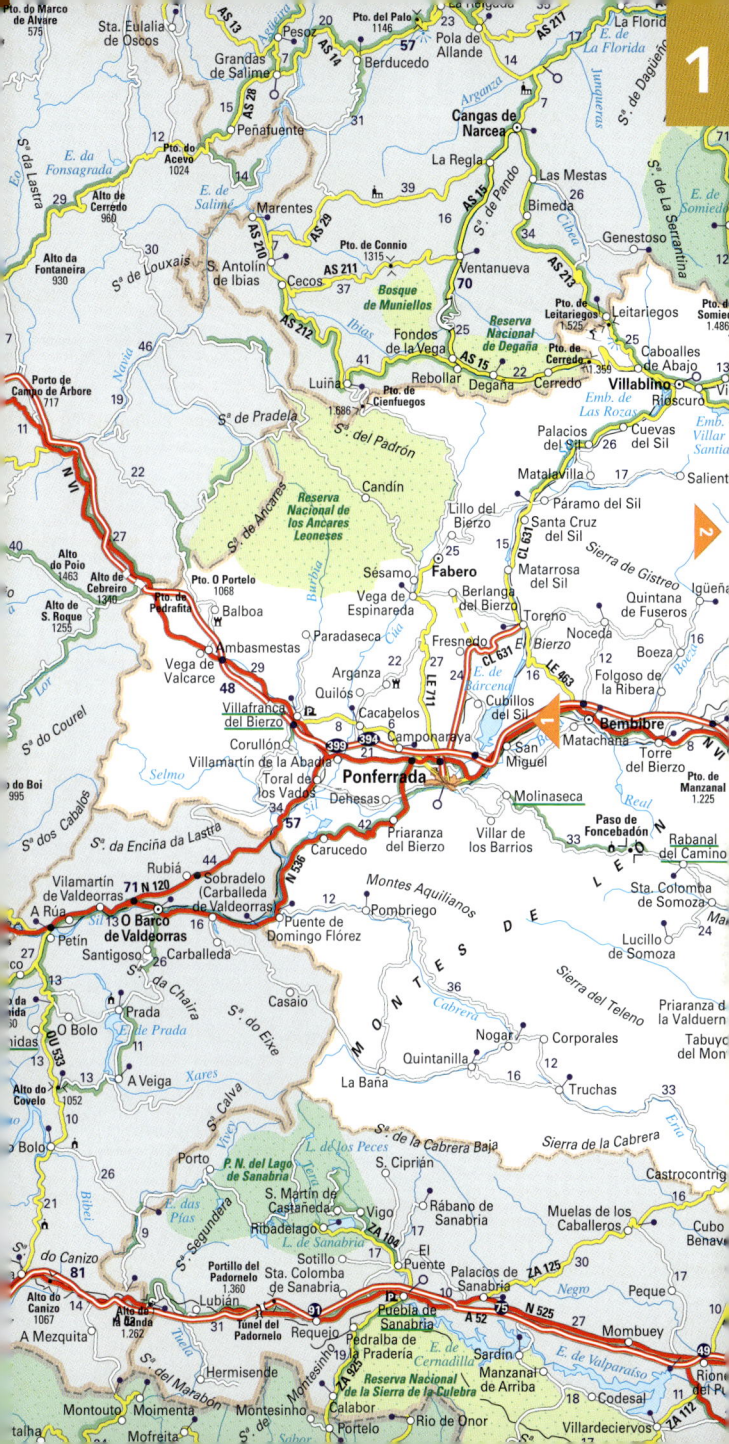

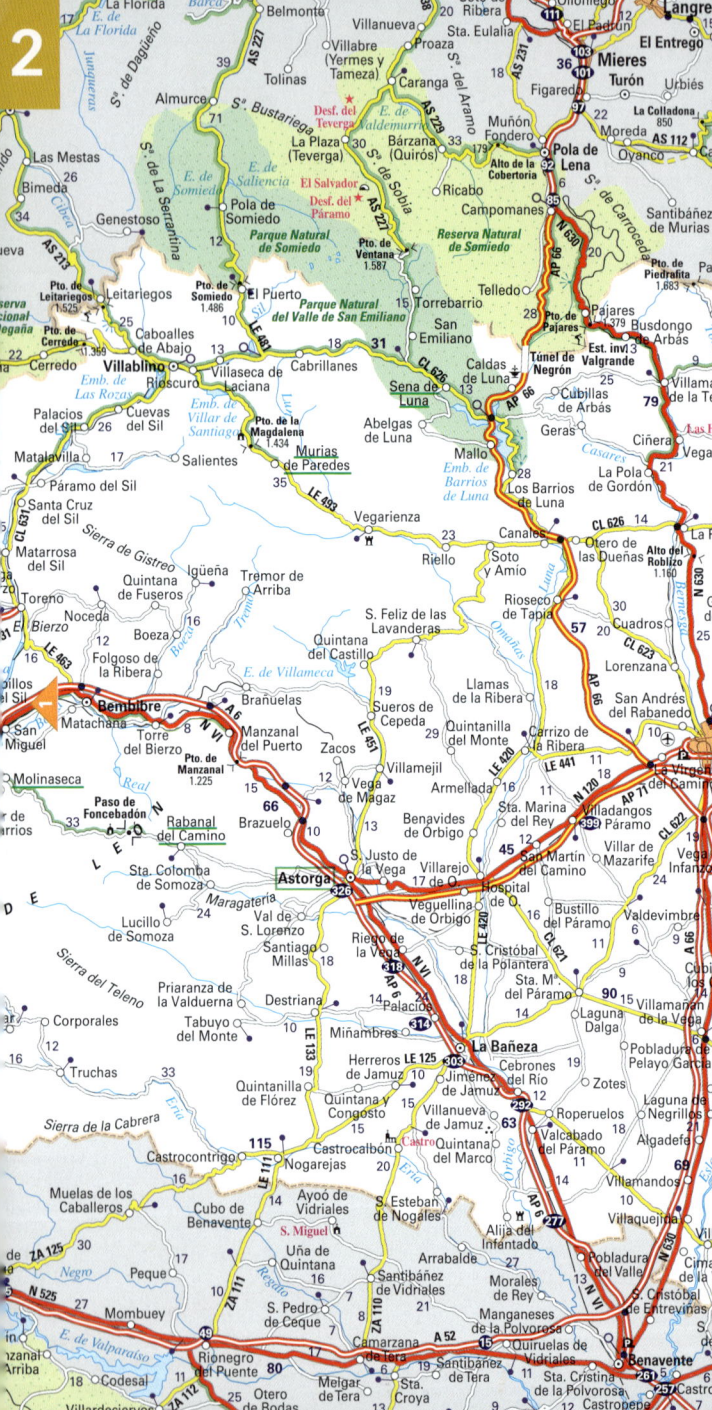

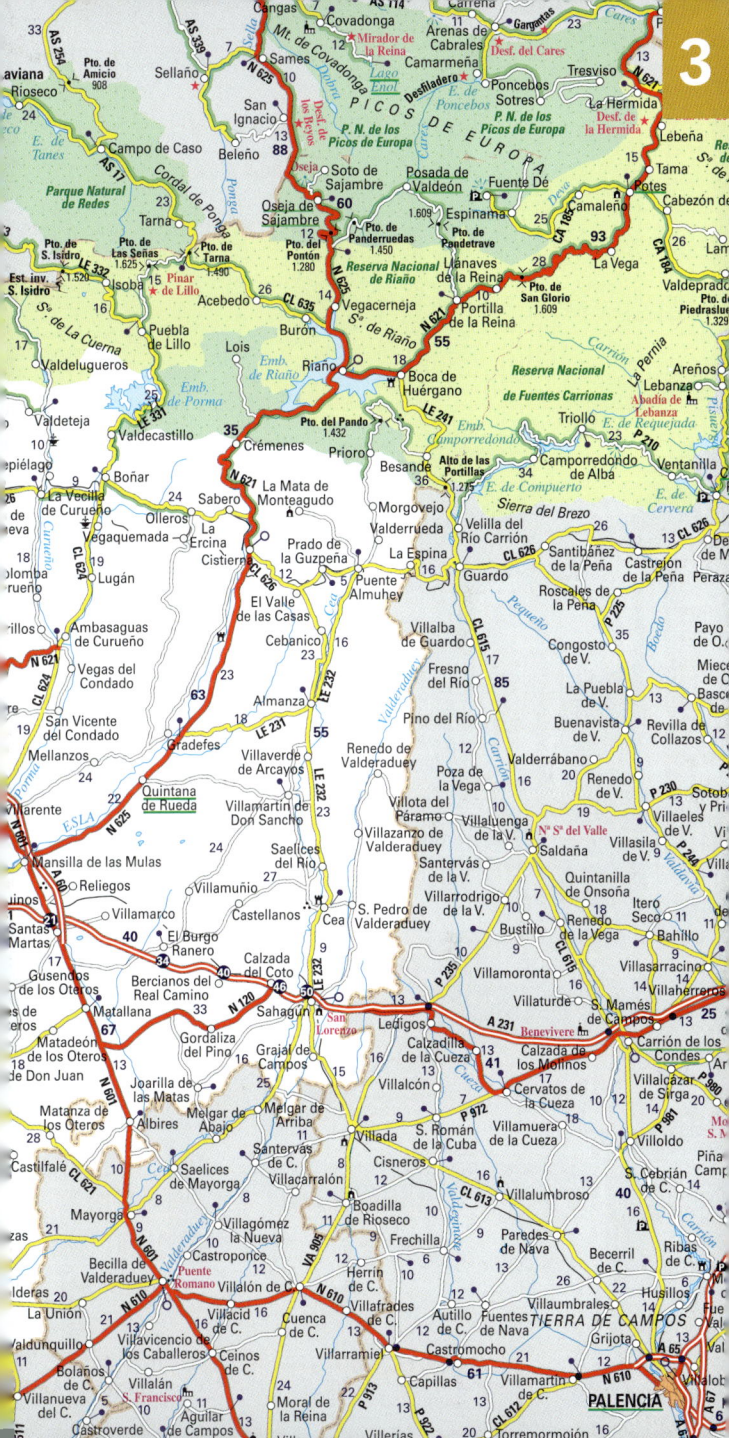

Dónde...

GASTRONOMÍA

La gastronomía es, con frecuencia, el dato cultural más revelador del espíritu de un pueblo. Las artes culinarias de una determinada zona pueden contar por sí mismas la forma de vida y las vicisitudes de sus habitantes a lo largo de la historia. Ella, a su vez, está claramente determinada por las condiciones geográficas y climáticas en las que se desarrolla.

En cuanto a León, una provincia de gran extensión y de una geografía con enormes contrastes, por ejemplo entre el llano y la montaña, la gastronomía se muestra también con esa variedad y riqueza, reflejada en múltiples tradiciones comarcales que pugnan por descollar frente a sus vecinas. Además, León es una puerta abierta, es un camino de entrada por el que se han colado, y aún se cuelan, infinidad de influencias venidas de quién sabe dónde. Una tierra de arrieros y maragatos siempre buscando, en algo ha de notarse en el plato.

No se come de igual modo en El Bierzo que en la Maragatería, ni en la montaña se degustan los mismos manjares que en el páramo. Desde luego hay lugares de encuentro y productos compartidos pero cada cual sabe sacarle partido de forma distinta, según las artes y los ingenios que sus antepasados les dieron a entender.

Matanza hay en todas partes, truchas en muchos de los ríos y qué decir del pan, sin el que ningún leonés, sea de la latitud que sea, osaría acercarse a una buena mesa. No obstante, cualquiera podría ver las diferencias del cocido que se come en la capital con el maragato y de este con la olla berciana.

En cualquier comarca se elabora el embutido pero solo en El Bierzo se embuten rabos, patas y morros. Y así sucesivamente, las hortalizas, los quesos, los vinos, los dulces… todo va de lo común a lo diverso, creando un auténtico mosaico de riqueza culinaria, que sorprenderá gratamente.

▌Pescados

Pero no solo de carne viven los leoneses, también el pescado es apreciado. El mar está lejos pero la provincia es un manojo de ríos y son múltiples las recetas trucheras. Sopas de truchas en el Órbigo y, en todos los lados, la receta navarra de freírla con una loncha de panceta o jamón en la panza. Hay quien la hace al horno, tratándola como si fuera un besugo, y hay quien, como los bañezanos, las preparan con pimientos y laurel. No falta tampoco, seña de tierra adentro, el bacalao. Lo más frecuente es prepararlo al ajoarriero con huevos duros, pero también hay variedades con patatas y arroz o con garbanzos y acelgas. Las sardinas, congrios y rodaballos tienen su lugar en el menú, siendo el congrio con patatas y almejas un plato frecuente. Como curiosidad heterodoxa, hay que incluir aquí las deliciosas ancas de rana, tan típicas de La Bañeza. Por último nombrar el pulpo berciano como antesala del gallego.

▌ Legumbres y hortalizas

La huerta fue siempre uno de los baluartes de la despensa leonesa. Muchos son sus productos de calidad, pero hay cuatro realmente singulares: las judías verdes de La Bañeza, los tomates de Mansilla, los pimientos del Bierzo y el puerro de Sahagún. Los pimientos suelen aparecer asados y envasados en aceite, sal y vinagre; las judías, estofadas o con un refrito de ajo y pimentón; los tomates son deliciosos crudos y con aliño, y los puerros acompañan cualquier cosa. Las legumbres son las reinas en las tierras de secano, como las alubias paramesas o los garbanzos de la Sobarriba y Astorga.

▌ Pan y repostería

Como ya se ha dicho el pan es casi una religión por estos lares y, como todo lo demás, cada zona tiene el suyo. El más frecuente y tradicional es el de hogaza, hecho en horno de leña o de carbón, que de un día está mejor. También hay empanadas y pan de maíz en El Bierzo, mientras que el de Sahagún es bregado. Los excedentes del mucho pan que por estas tierras se fabrica tienen una resolución sabrosa e imaginativa que no es otra que las exquisitas sopas de ajo. Parte de la repostería leonesa está basada en la mantequilla y el hojaldre, como los nicanores de Boñar y los lazos de San Guillermo de Cistierna. Son famosas también las mantecadas de Astorga y sus primos almendrados, los imperiales de La Bañeza. Se completa la lista con los amarguillos que elaboran las benedictinas de Sahagún.

▌ Carne

En esta tierra de transiciones galaico castellanas, quizás solo una cosa esté clara: este es el reino de la carne. Toda la cocina leonesa está presidida por el culto a este producto; como prueba la variedad de embutidos que se suelen pedir de entrada. No ha de faltar el sabrosísimo chorizo, la morcilla de León, que se hace con cebolla y sin arroz, muy diferente de la de Burgos; el lomo curado, la cecina, que es jamón pero de vaca, delicia local única y que

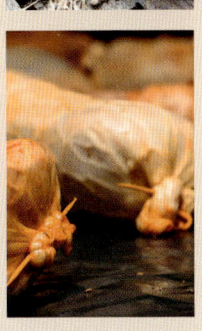

no contiene grasas; la lengua curada y tampoco son despreciables el salchichón y el jamón de cerdo.

Otra de las especialísimas sorpresas que regala la cocina leonesa es la cecina de chivo y su chorizo, plato cocinado que solo se puede degustar en temporada de invierno. Esta receta merecería un capítulo aparte por la exquisitez de su sabor montaraz y la contundencia de su aporte nutritivo. Varios restaurantes castizos de la capital lo tienen en sus cartas como especialidad casi única.

De igual modo, el ya reseñado y muy berciano botillo merecería también un tratado. Embutidos en tripa ancha, allá van careta, rabos y ternillas de cerdo, adobados y curados. Se sirve acompañado de chorizos y repollo con cachelos. De la misma patria son el lacón, la empanada de lomo de cerdo adobado y las cacheladas.

En la montaña, sobresale el cordero asado o en caldereta en la zona de Babia, así como otros platos de olla como la chanfaina. Otras delicias cárnicas que se pueden degustar son las manitas de cerdo, las mollejas, la asadurilla, los callos, la caza menor –conejos, liebres, perdices o codornices– y la mayor –jabalíes, rebecos, corzos o ciervos– y, por fin, como resumen de todo lo dicho, un cocido leonés o maragato, famoso este último por la abundancia y calidad de sus materias primas y por la peculiaridad de servirse primero las carnes y terminar con la sopa.

Vinos

Los vinos más celebrados de esta tierra son los del Bierzo. Esta zona posee un microclima que lo diferencia del resto de la provincia e incluso de la región, pues se trata de un clima benigno, templado y con cierta humedad, soleado y con pocas heladas. La uva predominante es la mencía, de hecho en El Bierzo crece el 70% de las cepas de mencía censadas en España. Considerada variedad autóctona de características singulares, detenta la titularidad en más del 74,5% del viñedo de la zona, un porcentaje que va en alza, puesto que en los últimos años se está reestructurando el viñedo de la comarca a favor de esta variedad de uva. Algunos nombres orientativos son Cepas Viejas, Pittacum, Palacio de Canedo o Valtuille.

También hay cepas de prieto picudo y garnacha en las riberas del Esla y el Cea. El resultado es la denominación de origen León, con vinos de gran personalidad y amplias posibilidades, tanto en los jóvenes como en los de crianza. Los blancos, con uva malvasía y valenciana, son muy equilibrados.

▌Restaurantes

LEÓN CAPITAL

Adonías del Pozo
- ✉ Santa Nonia, 16.
- ☎ 987 206 768.
- 🖥 **Precio medio: 35 €.**

Cocina tradicional de alto nivel y un buen servicio. Los pescados y la lengua curada tienen una merecida fama.

Alfonso Valderas
- ✉ Arco de Ánimas, 1, 1º.
- ☎ 987 200 505.
- 🖱 https://restaurante valderas.com
- 🖥 **Precio medio: 40 €.**

Está en un primer piso. Aunque se pueden comer un excelente solomillo a la brasa, el plato estrella es sin duda el bacalao preparado de cualquiera de las múltiples formas en que aquí se presenta.

Asador Casa Chus
- ✉ Conde Saldaña, 8.
- ☎ 660 868 874.
- 🖥 **Precio medio: 35 €.**

Situado muy cerca de la estación de tren. Dispone de un amplio y luminoso comedor con decoración castellana y horno de leña. Ofrece una variada carta a precios asequibles, y además, dispone de menú del día.

Becook
- ✉ Cantareros, 2
- ☎ 987 016 808.
- 🖱 www.restaurante becook.es
- 🖥 **Precio medio: 35 €.**

Una apuesta por la innovación en las formas aunque muy pegada a la cocina tradicional, siempre desde la perspectiva de la llamada «comida urbana»: minimalismo con sustancia. Servicio muy atento y profesional.

Bodega Regia
- ✉ Regidores, 9-11.
- ☎ 987 213 173.
- 🖱 www.regialeon.com
- 🖥 **Precio medio: 35 €.**

Cocina de siempre con excelentes materias primas: pichones estofados, asados, ancas de rana…

Casa Mando
- ✉ General La Fuente, s/n.
- ☎ 987 798 188.
- 🖱 https://casamando. com
- 🖥 **Precio medio: 40 €.**

Restaurante del hotel Conde Luna. Buen lugar para reponer fuerzas: alubias de La Bañeza, lechazo o gallo de corral.

Casa Rafa
- ✉ Ramiro Valbuena, 5.
- ☎ 987 246 956.
- 🖥 **Precio medio: 40 €.**

Es costumbre de la casa no ofrecer, sino recitar de memoria la extensa carta, que suele repetirse añadiendo el pescado del día, siempre excelente. Un sitio para disfrutar de la comida casera tradicional, siempre con platos de temporada.

Delirios
- ✉ Ramón y Cajal, 5.
- ☎ 987 237 699.
- 🖱 https://restaurante delirios.com
- 🖥 **Precio medio: 40 €.**

Javier Rodríguez vuelca sabores y técnicas con sus muchos años de experiencia en el mundo de la gastronomía. Dos menús (de 5 y 9 pases).

La Gitana
- ✉ Carnicerías, 7.
- ☎ 987 874 931.
- 🖥 **Precio medio: 30 €.**

En pleno Barrio Húmedo, este es uno de los locales con más historia del centro histórico. Cocina tradicional, contundente y abundante. Callos, carne de buey a la piedra y postres caseros.

El Horno
- ✉ Víctor de los Ríos, 21.
- ☎ 987 213 656.
- 🖱 www.mesonpension elhorno.com
- 🖥 **Precio medio: 25 €.**

Es el típico lugar al que no llegan viajeros ni turistas por sí mismos. En el barrio de El Ejido. Tiene horno de leña para asados por encargo. Su jamón y su pulpo son excelentes.

Latino
- ✉ P. San Martín, 10.
- ☎ 987 498 271.
- 🖥 **Precio medio: 25 €.**

Mezcla de cocina tradicional con platos más arriesgados y con interés. Gran barra de tapas y terraza en verano.

Pablo
- ✉ Avenida los Cubos, 8.
- ☎ 987 216 562.
- 🖱 https://restaurante pablo.es
- 🖥 **Precio medio: 50 €.**

Situado a espaldas de la catedral en un coqueto local con aires minimalistas. Menú de precio único que varía con los productos de temporada.

Parrilla Louzao
- ✉ Juan Madrazo, 4.
- ☎ 987 271 432.
- 🖱 www.parrilla. lauzao.com
- 🖥 **Precio medio: 45 €.**

Destaca sobre todo por sus carnes rojas a la parrilla, encabezadas por un excelente chuletón. Buenos embutidos leoneses.

El Racimo de Oro
- ✉ Plaza de San Martín, 8.
- ☎ 987 214 767.
- 🖥 https://racimodeoro.com
- 🍽 **Precio medio: 30 €.**

En pleno Barrio Húmedo, son famosos sus asados como el lechazo y cochinillo, también por sus embutidos de la tierra o las mollejas con rabo de toro. Desde el comedor buhardilla hasta la bodega del siglo XII, ha sido restaurado con sumo gusto.

El Palomo
- ✉ Escalerilla, 8.
- ☎ 987 133 830.
- 🍽 **Precio medio: 30-35 €.**

Abierto en 1960, siempre ha sido desde entonces una referencia de la cocina tradicional leonesa. A escasos metros de la Plaza Mayor, es un lugar ideal para degustar la morcilla o la cecina de vaca, sin olvidar sus carnes y pescados de primera calidad. No faltan los entrañables platos de cuchara.

La Poveda
- ✉ Ramiro Valbuena, 9.
- ☎ 987 227 155.
- 🍽 **Precio medio: 30-35 €.**

Una fachada que no llama la atención por su aspecto sencillo y un pequeño comedor no hace honor a las calidades y los precios de sus recetas. Cantidades copiosas. Hay que destacar el entrecot al roquefort.

PROVINCIA DE LEÓN

Astorga

Casa Maragata I y II
- ✉ Húsar Tiburcio, 2 y Padres Redentoristas, 6.
- ☎ 987 618 880.
- ☎ 987 618 118.
- 🖥 https://casamaragata.com
- 🍽 **Cocido, vino y postre: 27 €.**

Solo almuerzos (excepto sábados). El salón comedor está inspirado en las casas maragatas y aquí solo se ofrece el cocido maragato tradicional entre semana. Los fines de semana tienen otras especialidades de la región.

Gaudí
- ✉ Eduardo de Castro, 6.
- ☎ 987 615 654.
- 🖥 www.gaudihotel.es
- 🍽 **Precio medio: 35 €.**

Restaurante del hotel homónimo, es el más distinguido de la ciudad. Cocina maragata y gallega sin que falte cocido. Mariscos y pescados de calidad.

La Peseta
- ✉ Plaza de San Bartolomé, 3.
- ☎ 987 617 275.
- 🖥 https://restaurantelapeseta.com
- 🍽 **Precio medio: 30 €.**

Pequeño hotel que posee un restaurante que ha ganado una merecida fama por su exquisito cocido maragato los sábados de invierno (resto de la semana, por encargo). También preparan otros guisos caseros como el congrio al ajoarriero. Buenos vinos. Suele estar abarrotado los fines de semana y en verano.

Serrano
- ✉ Portería, 2.
- ☎ 987 617 866.
- 🖥 https://restauranteserrano.es
- 🍽 **Precio medio: 35 €.**

Cocina tradicional maragata, elaborada con productos de temporada.

Las Termas
- ✉ Santiago, 1.
- ☎ 987 602 212.
- 🖥 https://restaurantelastermas.com
- 🍽 **Precio medio: 30 €.**

En plena zona monumental, con especialidad en el famoso cocido maragato y en la cocina leonesa. Trato familiar.

La Bañeza

APH Infanta Mercedes
- ✉ Autovía Madrid-Coruña (A6), km 125.
- ☎ 987 656 241.
- 🖥 www.aphinfantamercedes.com
- 🍽 **Precio medio: 40 €.**

Restaurante con gran variedad de pescados y mariscos, servidos en amplios salones.

Bedunia
- ✉ Ctra. Nacional A6, km 304.
- ☎ 987 640 524.
- 🖥 www.hotelbedunia.com
- 🍽 **Precio medio: 30 €.**

Es un hotel "casi de carretera", con instalaciones amplias, un bar donde se pueden tomar raciones y un comedor que ofrece cocina popular leonesa. Básicamente guisos, verduras y carnes.

Moja el Gallo
- ✉ La Vega, 2
- ☎ 987 643 343
- 🖥 www.mojaelgallo.com
- 🍽 **Precio medio: 30 €.**

Restaurante de ambiente pintoresco, con matices

diferentes en sus tres comedores, y con usos tradicionales pero suficientemente puestos al día. Destacan sus tablas de carne, de pescado y mixtas. El menú del día suele ser una opción a tener en cuenta.

Boñar

Venta de Remellán
- ✉ Carretera Boñar-Puerto San Isidro, km 4,5.
- ☎ 987 735 301.
- 🍽 Precio medio: 25 €.

Cocido montañés, patatas con congrio, alubias con chorizo, chuletón... todo ello con postres caseros y buen vino.

Cacabelos

El Apóstol
- ✉ Santa María, 29.
- ☎ 987 549 189.
- 🍽 Precio medio: 25 €.

Clásico mesón de Cacabelos. El local es muy amplio y la comida es casera y de buena calidad.

Casa Gato
- ✉ Mariano Enríquez, 2.
- ☎ 987 547 200.
- 🍽 Precio medio: 25 €.

Cocina de influencia gallega. Callos con garbanzos, ternera en su jugo y congrio al ajoarriero son algunos de sus principales platos. Vinos del Bierzo.

La Moncloa de San Lázaro
- ✉ Cimadevilla, 97.
- ☎ 987 546 101.
- 🖥 www.moncloa desanlazaro.com
- 🍽 Precio medio: 30 €.

Construido sobre un antiguo hospital de peregrinos. Posee una tienda de productos del Bierzo.

Canedo

Palacio de Canedo
- ✉ La Iglesia, 5. Arganza.
- ☎ 987 563 366.
- 🌐 https://pradaatope. com
- 🍽 Precio medio: 35 €.

Palacio restaurado y rodeado de viñedos. La marca de la casa, **Prada a tope**, es conocida por sus conservas, licores y otros productos artesanales.

Castrillo de los Polvazares

Mesón del Arriero
- ✉ Real, 4.
- ☎ 987 691 047.
- 🌐 www.mesondel arriero.com
- 🍽 Precio medio: 30 €.

Aparte del cocido maragato, recetas de nuestras abuelas utilizando siempre productos de la tierra.

Coscolo
- ✉ La Magdalena, 1.
- ☎ 987 691 984 .
- 🌐 www.casacoscolo.com
- 🍽 Precio medio: 30 €.

Restaurante de la Hostería Casa Coscolo. Aquí la cocina es casera tradicional maragata.

Casa Maruja
- ✉ Real, 24.
- ☎ 987 691 065.
- 🍽 Precio medio: 30 €.

Maruja solo abre el comedor si es por encargo y hay un mínimo de seis comensales. El esfuerzo merece la pena.

Mesón la Magdalena
- ✉ Real, 21.
- ☎ 987 691 067.
- 🌐 www.mesonla magdalena.com
- 🍽 Precio medio: 30 €.

Casa rural que conserva todo su esplendor en su patio. De la variada carta de platos, destaca su

plato estrella: el cocido maragato. Debemos dejar hueco para el postre: natillas caseras, café de puchero y el chupito de orujo.

Celada de la Vega

Mesón Quiñones
- ✉ La Cuesta, 1.
- ☎ 987 615 599.
- 🌐 www.embutidos quinones.com
- 🍽 Precio medio: 25 €.

Es una mezcla de tienda, bar y restaurante que proporciona varias alternativas. Se puede comer a base de raciones en la barra, comprar para llevar o sentarse en la mesa y dejarse arrastrar por una oferta sencilla pero contundente: alubias blancas estofadas, costillas con patatas, cocido maragato...

Hospital de Órbigo

La Encomienda
- ✉ Álvarez Vega, 30.
- ☎ 987 388 211.
- 🌐 www.restaurante laencomienda.es
- 🍽 Precio medio: 30 €.

Situado en un antiguo caserón por cuyas dependencias, incluido el patio, se extiende un restaurante que hace suya la cocina tradicional leonesa. Especial atención al producto estrella de la casa, las truchas de río (aunque no del Órbigo): pide las sopas de trucha, muy típicas.

Paso Honroso
- ✉ Ctra. N 120, km 335.
- ☎ 987 361 010.
- 🌐 www.elpaso honroso.com
- 🍽 Precio medio: 25 €.

Es el más frecuentado en este tramo de carretera por camioneros y viajantes. Ofrece un abundante menú del día aparte

de interesantes guisos populares de la zona y excelentes carnes en la carta.

Jiménez de Jamuz

Bodega El Capricho
- ✉ Carrobierzo, 28.
- ☎ 987 664 227.
- 🖳 https://bodega elcapricho.com
- 🍴 Precio medio: 90 €.

Da que pensar que revistas como *Time*, *Life* o *The Guardian* afirmen que la mejor carne del mundo está en este restaurante. José Gordón, el maestro asador, ofrece excelentes carnes rojas, legumbres, setas, bacalao…

Mansilla de las Mulas

El Hórreo
- ✉ Avda. de la Constitución, 87.
- ☎ 987 310 130.
- 🖳 www.elhorreo.com
- 🍴 Precio medio: 35 €.

Excelentes materias primas, pescados y mariscos y también platos tradicionales.

Molinaseca

Casa Ramón
- ✉ Real, 27.
- ☎ 987 453 153, 652 871 848.
- 🖳 http://hotelmolina real.com
- 🍴 Precio medio: 40 €.

Cocina tradicional en la que sobresale la calidad de las carnes y los pescados.

De Floriana
- ✉ Avda. Fraga Iribarne, s/n.
- ☎ 679 845 673.
- 🍴 Precio medio: 30 €.

Buenas materias primas en platos tradicionales con toques de creatividad.

El Palacio
- ✉ Palacio, 19.
- ☎ 987 453 140.
- 🖳 www.casael palacio.com
- 🍴 Precio medio: 25 €.

Ubicado en el mismo edificio que el hostal del mismo nombre, junto al puente romano. Elabora cocina tradicional de la zona.

Ponferrada

7 Sillas
- ✉ Plaza del Ayuntamiento, 7.
- ☎ 647 551 921.
- 🍴 Precio medio: 25 €.

Pequeño restaurante que ofrece una gran variedad de platos a precios muy razonables. Suele merecer la pena el menú del día.

La Casa del Botillo
- ✉ Matadero, 41.
- ☎ 987 411 537.
- 🖳 www.lacasa delbotillo.com
- 🍴 Precio medio: 30-35 €.

Restaurante edificado con los materiales típicos de la comarca. Su carta está basada en los productos tradicionales bercianos con el botillo como su principal embajador.

Vinomio Bar & Botánico
- ✉ Aceiterías, 9.
- ☎ 661 788 421.
- 🍴 Precio medio: 30 €.

Cocina moderna con productos comarcales. Ocupa un sólido caserón en pleno casco antiguo de Ponferrada.

La Casona
- ✉ Real, 72. Fuentesnuevas.
- ☎ 987 455 358.
- 🖳 https://restaurante lacasona.com
- 🍴 Precio medio: 30 €.

Ubicado en un caserón bien restaurado, ofrece

una cocina creativa de mercado. Es interesante el menú ejecutivo.

Las Cuadras
- ✉ Tras La Cava, 2.
- ☎ 987 419 373.
- 🖳 https://hostallaencina. net
- 🍴 Precio medio: 30 €.

Edificio rústico con especialidades bercianas y caseras. Terrazas junto al castillo de los Templarios.

La Fonda
- ✉ Pza. del Ayuntamiento, 10, 1ª planta.
- ☎ 987 831 643.
- 🍴 Precio medio: 30 €.

Bien decorado, con un toque *vintage*, buen repaso a la cocina local. En el centro mismo, tiene terraza interior. Bacalao a la plancha y lengua estofada son algunas de sus suculentas ofertas.

Riaño

Presa
- ✉ Avda. de Valcayo, 12.
- ☎ 987 740 637.
- 🖳 www.hotelpresa.com
- 🍴 Precio medio: 25 €.

Restaurante del hotel del mismo nombre, ofrece diversas especialidades de cocina típica de la montaña y una buena selección de embutidos leoneses.

Sahagún

El Ruedo II
- ✉ Plaza Mayor, 1.
- ☎ 987 781 834.
- 🖳 www.restauranre elruedo.com
- 🍴 Precio medio: 30 €.

Asador situado en el centro de la localidad: especialidad en lechazo asado sin que falten las carnes de caza y los puerros de Sahagún.

Luis Sahagún
- ✉ Justiniano Rodríguez.
- ☎ 987 104 603.
- 🍽 Precio medio: 30 €.

Puerros, pencas reboza-das... y buenos asados.

La Codorniz
- ✉ Constitución, 97.
- ☎ 987 780 276.
- 🌐 www.hostalla
  codorniz.com
- 🍽 Precio medio: 30 €.

Su codorniz al abrigo de puerros con paté y cru-jiente de jamón, es el resumen perfecto de una estimulante carta. Tam-bién tienen asados y caza, además de un menú eco-nómico que denominan del peregrino.

Santa Colomba de Somoza

Casa Pepa
- ✉ Mayor, 2.
- ☎ 987 631 041,
  679 339 774.
- 🌐 https://casapepa.com
- 🍽 Precio medio: 25 €.

Josefa y Laura son adali-des de la restauración en la remota Maragatería y embajadoras de todo lo leonés en esta hostería real. Su cocido, de los mejores. Magnífico am-biente y acogida.

Valdevimbre

Cueva del Cura
- ✉ Manuel Cadenas, s/n.
- ☎ 987 304 037.

- 🌐 www.lacueva
  delcura.es
- 🍽 Precio medio: 25-35 €.

Bodega excavada de-principios del siglo XVII, Como restaurante abrió las puertas en 1990 espe-cializándose en la cocina tradicional leonesa.

Cueva Los Poinos
- ✉ Canal de Rozas, 81.
- ☎ 987 304 018.
- 🌐 www.lospoinos.com
- 🍽 Precio medio: 45 €.

Restaurante ubicado en una antigua cueva exca-vada en el barro. Espe-cialidad en los lomos de sardina rellena de jamón con fondo de pisto y car-nes a la parrilla.

Villafranca del Bierzo

Méndez El Guardia
- ✉ Espíritu Santo, 1.
- ☎ 987 540 045.
- 🌐 www.restaurante
  mendez.com
- 🍽 Precio medio: 35 €.

Sencillo comedor de un hostal que ofrece comida tradicional. Sus mollejas, ternera asada o merluza son notables.

Sevilla
- ✉ Plaza Mayor, 13.
- ☎ 987 540 186.
- 🌐 www.restaurante
  sevilla.es
- 🍽 Precio medio: 25 €.

Queso de cabra de Am-basmestas, croquetas

de botillo, lacón con pi-mientos del Bierzo, car-nes de la tierra y postres caseros.

La Charola
- ✉ Ctra. N VI, km 406.
- ☎ 987 540 095.
- 🌐 www.lacharola.org
- 🍽 Precio medio: 25 €.

Un local sin excesivas pretensiones, pero que permite reponer fuerzas con sus guisos populares y el cordero asado.

Mesón Don Nacho
- ✉ Troqueles, 2.
- ☎ 987 540 076.
- 🍽 Precio medio: 20 €.

Cocina casera, barata y muy sabrosa.

Parador de Villafranca
- ✉ Avda. Constitución, 28.
- ☎ 987 540 175.
- 🌐 https://paradores.es
- 🍽 Precio medio: 40 €.

Cocina elaborada a partir de las maravillas gastro-nómicas del Bierzo. Em-butidos de Molinaseca, quesos de Ambasmestas o botillo con cachelos.

La Puerta del Perdón
- ✉ Plaza Prim, 4.
- ☎ 987 540 614.
- 🌐 www.lapuerta
  delperdon.com
- 🍽 Precio medio: 30 €.

Frente al castillo.No te pierdas su lomo de ba-calao.

▌Tapas, cafés y copas

DE TAPAS

Hay que ubicarse en la plaza de San Martín, en el corazón del Barrio Húmedo, para comenzar una tarde-noche de tapeo. El Latino es un buen sitio para em-pezar. El Tizón, Casa

Miche, con su calamar rebozado, el Nuevo Ra-cimo de Oro son de los más recomendables en la plaza. Hacia la calle Azabachería, dos clási-cos: el Besugo, con su vermú de la casa y la Gi-tana, donde se pueden

comprar embutidos de la montaña. Rúa 11 sirve tapas de autor y goza del fervor de la parroquia. También el Gaucho, con sus sopas de ajo y patatas picantes. No se puede dejar de visitar el centenario Benito, en

la Plaza Mayor. Un poco más abajo, en la calle Serradores está **La Calea,** con sus croquetas de queso azul y su tortilla. En transición desde El Húmedo al Barrio Romántico, bajando Azabachería hasta la calle de la Rúa, es recomendables el **Sevilla.** En la plaza de San Marcelo **El Capricho** y **Los Pelayos,** con sus característicos fritos. Ya en la zona del Cid, visitaremos el **Fornos,** con sus garbanzos y chorizos entrecallados, **El Camarote Madrid** y la **Trébede** por elegir tres clásicos de gran interés. Todo puede terminar con una pinta tostada en la cervecería **Céltica.**

CAFÉS

Para buscar un café donde charlar y tomar un chupito o una infusión a media tarde, es recomendable en la calle Ancha y sus alrededores el **Ginger Bar,** con un toque de glamour. Subiendo hacia el mercado de abastos, **El Rincón del Búho** es un espacio de cierto lujo y buena atención. En la calle Cervantes el **Bar Correo,** con su aire de vieja whiskería o el **Gran Café,** con dos pisos.

LAS COPAS

A cierta hora, el Barrio Húmedo pasa de zona de tapeo a zona de copas. **The Glam** es uno de los más modernos y exclusivos. **Baylon** o **Geppetto** son paso obligado para los que buscan un ambiente más variado. **DelicateSSen Club** ofrece música electrónica. En el **Toro** y el **Caño Malasaña Club** se baila. En la calle del Pozo está el **Bar el Punto** para tomar un gintonic. Si quieres un cóctel acércate hasta **La Pañería.** En Ruiz de Salazar, 22, el pub **La Lola,** donde los nostálgicos de Los Panchos pueden escuchar a "Papá Quijano" rasgar su guitarra cada noche.

Y no perderse el **niMÚ Azotea,** la terraza del **Conde Luna** sobre los tejados del Húmedo.

▌ Espectáculos y diversiones

FESTIVALES

Festival Internacional de Órgano Catedral de León

🌐 https://fiocle.org

De septiembre a noviembre. Su amplia programación ofrece actuaciones de orquestas sinfónicas, grupos de cámara, solistas e instrumentales.

Festival de Música Española

🌐 www.festival demusica espanola.com

Conciertos, exposiciones y producciones discográficas conforman sus actividades principales. Su sede principal es el auditorio Ciudad de León, pero también se celebran conciertos por toda la provincia.

Purple Weekend

🌐 www.facebook.com/ purpleweekend

Festival *sesentero,* alentado por quienes pretenden profundizar en las raíces del movimiento Mod (Reino Unido, primera mitad de los 60). Se celebra a principios de diciembre.

Festival Internacional "León vive la Magia"

🌐 wwwleonvive lamagia.com

Combina actuaciones en el Auditorio y en la calle (diciembre y enero).

Festival Celta Internacional

Se celebra en octubre, durante las fiestas de San Froilán.

Historia del Reino de León

Espectáculo de luz y sonido creado por el francés Xavier de Richemont. Se proyecta sobre la fachada de San Isidoro (sábados de mayo a octubre a las 23 h y 23.30 h).

TEATROS

Auditorio Ciudad de León

✉ Avda. Reyes Leoneses, 4.
☎ 987 244 663.
🌐 www.auditorioleon.com

Teatro El Albéitar

✉ Paseo de la Facultad, 25.
☎ 987 291 634.
🌐 https://actividades culturales.unileon.es

CINES

Van Gogh

✉ San Claudio, 5.
☎ 987 214 022.
🌐 www.cinesvangogh.com

Odeon Multicines

✉ C.C.Espacio León. Avda. País Leonés, s/n.
☎ 987 228 182.
🌐 https://odeon multicines.com

▌Compras

ANTIGÜEDADES

**Antigüedades
Teo**
- ✉ Descalzos, 6.
- ☎ 987 170 184.

ARTESANÍA

Petrópolis
- ✉ Gil y Carrasco, 3.
- ☎ 987 205 456.

Minerales y orfebrería.

DULCES

Canela
- ✉ Avda. José M. Fernández, 9 y Avenida Ordoño II, 3.
- ☎ 987 205 752, 987 255 752.
- ✆ https://confiteria canela.es

Confitería Asturias
- ✉ Avda. Rep. Argentina, 8.
- ☎ 987 215 286.
- ✆ www.confiteria asturias.es

Repostería artesanal para chuparse los dedos.

EMBUTIDOS

Guerra de Paz
- ✉ Platerías 3.
- ☎ 987 256 853.
- ✆ https://guerradepaz. com

VINO Y EMBUTIDOS

Artesa Gourmet
- ✉ Ordoño II, 27.
- ☎ 987 251 855.
- ✆ www.artesa gourmet.com

La Casa del Jamón
- ✉ Bermudo III, 1.
- ☎ 987 870 835.
- ✆ www.lacasadeljamon. com

Jamones, embutidos...

La Cilla de Feito
- ✉ Pl. San Martín, 1.
- ☎ 656 933 384.
- ✆ www.lacilladefeito.es

Quesos, cecina y vinos.

BODEGAS

La mayoría de las bodegas pueden ser visitadas.

Cacabelos

Bodegas y Viñedos Bergidenses
- ✉ Antigua N VI, km 400.
- ☎ 987 546 725.

El vino estrella de la bodega es *Viña Garnelo*, uno de los godellos de referencia de la viña berciana.

Vinos del Bierzo Sociedad Cooperativa
- ✉ Avda. Constitución, 106.
- ☎ 987 546 150.
- ✆ www.vinos delbierzo.com

Señorío del Bierzo, Guerra crianza...

Losada Vinos de Finca
- ✉ Ctra. Le 713, km 12.
- ☎ 987 548 053.
- ✆ https://losadavinos definca.es

Última apuesta con vinos que poseen elegancia y la pureza de viñedos de mencía. Tintos de mencía *La Bienquerida* y *Losada*.

Cuatro Pasos
- ✉ Santa María, 43.
- ☎ 987 548 089.
- ✆ www.cuatropasos.es

Tintos 100% mencía elaborado con uvas de cepas de suelos pizarrosos.

Ribas del Cúa
- ✉ Finca Robledo, s/n.
- ☎ 987 971 018.
- ✆ www.ribasdel cua.com

Tempranillo, cabernet sauvignon y mencía...

Camponaraya

Coop. Viñas del Bierzo
- ✉ Prolongación Camino de Santiago, s/n.
- ☎ 987 463 009.
- ✆ https://vinasdelbierzo. com

Gran Bierzo, Naraya y *Marqués de Cornatel.*

Canedo

Prada a Tope
- ✉ La Iglesia, s/n.
- ☎ 987 563 366.
- ✆ https://pradaatope.com

Edificio del siglo XVIII, rodeado de viñas. Algunos de sus vinos son de producción ecológica.

Carracedelo

Casar de Burbia
- ✉ Trav. de la Constitución, s/n.
- ☎ 987 562 910.
- ✆ https://casardeburbia. com

Tintos *Casar de Burbia* y *Tebaida*, entre otros.

Bodega del Abad
- ✉ Ctra. N VI, km 396.
- ☎ 987 562 417.
- ✆ www.bodega delabad.com

27 hectáreas de viñedo, la mayor parte centenario, aledaño al Camino de Santiago. Destaca *Abad Dom Bueno Godello* barrica y el *Abad Dom Bueno* tinto roble.

Ponferrada

Bodegas Estefanía
- ✉ Ctra. de Dehesas a Posada del Bierzo, s/n.
- ☎ 987 420 015.
- ✆ www.mgwinesgroup. com

Recuperación de una antigua lechería de la pedanía de Dehesas, a unos 5 km de Ponferrada. *Tilenus* es el estandarte de la bodega.

San Román de Bembibre

Dominio de Tares
- ✉ Los Barredos, 4.
- ☎ 987 514 550.
- 🖥 www.dominio detares.com

Vinos elaborados en su totalidad con la variedad mencía procedente de cepas en vaso de más de 40 años. Tinto *Dominio de Tares Baltos*.

Villafranca del Bierzo

Bodegas Descendientes de J. Palacios
- ✉ Chao do Pando, 1.
- ☎ 987 540 821.

Mantiene la herencia de uno de los grandes renovadores de los vinos del Bierzo y la apuesta por la uva mencía. *Corulón, La Faraona, Moncerbal* o *Pétalos del Bierzo*.

Bodega Adriá
- ✉ Antigua N VI, km 408.
- ☎ 987 540 907.
- 🖥 www.bodegasadria.com

Sus vinos *Vega Montán* son la esencia de las variedades mencía y godello autóctonas de la comarca de El Bierzo.

Valtuille de Abajo

Castro Ventosa
- ✉ Finca El Barredo, s/n.
- ☎ 987 562 148.
- 🖥 www.castroventosa.com

Vinos en armonía con la experiencia heredada.

▌Alojamientos

Parador de León*****GL
- ✉ Plaza de San Marcos, 7.
- ☎ 987 237 300.
- 🖥 https://paradores.es
- 🛏 Habitación doble: desde 170 €.

El Hostal San Marcos es un edificio histórico del siglo XVII, que perteneció a la Orden de Santiago y hoy forma parte de la red de Paradores. Todo en él es estimable, sobresaliendo su fachada plateresca.

Hotel AC San Antonio****
- ✉ Velázquez, 10.
- ☎ 987 218 444.
- 🖥 www.marriott.com
- 🛏 Habitación doble: desde 83 €.

Moderno hotel situado en el centro de la ciudad nueva junto a un centro comercial y a muy pocos minutos de la catedral.

Hotel Alfonso V****
- ✉ Padre Isla, 1.
- ☎ 987 220 900.
- 🖥 www.barcelo.com
- 🛏 Habitación doble: desde 65 €.

Marco inmejorable para visitar la legendaria ciudad de León, ya que se encuentra ubicado en el centro comercial, económico, cultural y monumental de la ciudad, junto a la céntrica plaza de Santo Domingo y a escasos minutos a pie de la catedral y de la basílica de San Isidoro. Dispone de un buen restaurante.

Hotel Conde Luna****
- ✉ Avda. Independencia, 7.
- ☎ 987 206 600.
- 🖥 www.barcelo.com
- 🛏 Habitación doble: desde 63 €.

Céntrico y con un buen servicio. Habitaciones amplias y bien equipadas. En el vestíbulo se puede contemplar un mural de Vela Zanetti. Cuenta con dos restaurantes: *Nimú Azotea* y *Casa Mando*.

Hotel Abad San Antonio****
- ✉ Altos de Nava, s/n.
- ☎ 987 875 716.
- 🖥 https://hotelabadsan antonio.arvahoteles.com
- 🛏 Habitación doble: desde 50 €.

Moderno y confortable, a 2,5 km del centro de la ciudad. Habitaciones funcionales y bien equipadas. Aparcamiento propio.

Hotel Luis de León****
- ✉ Fray Luis de León, 26.
- ☎ 987 218 820.
- 🖥 www.hoteles-silken.com
- 🛏 Habitación doble: desde 60 €.

Los hoteles de la cadena Silken se caracterizan por su funcionalidad, diseño y confort. Dispone de restaurante. Junto al centro comercial y a pocos minutos del centro.

Hotel Tryp León****
- ✉ Obispo Vilaplana, 3-5.
- ☎ 987 877 100.
- 🖥 www.melia.com
- 🛏 Habitación doble: desde 60 €.

Edificio ubicado junto al Museo de Arte Contemporáneo de Castilla y León (MUSAC),con unas instalaciones al nivel de a su categoría. Dispone de un buen restaurante.

Hotel NH
Plaza Mayor****

- ✉ Plaza Mayor, 15-17.
- ☎ 987 344 357.
- 🖥 www.nh-hoteles.
  com
- 🛏 Habitación doble:
  desde 95 €.

En pleno casco histórico de la ciudad. Combina la belleza de un edificio antiguo y la magia del entorno con todas las comodidades de diseño.

Hotel París***

- ✉ Calle Ancha, 18.
- ☎ 987 238 600.
- 🖥 https://hotelspaparis.
  arvahoteles.com
- 🛏 Habitación doble:
  desde 60 €.

Hotel clásico enclavado en el centro histórico. Su hotelera París es uno de los lugares más tradicionales de la ciudad. El hotel posee un *spa*.

Hotel La Posada
Regia***

- ✉ Regidores, 11.
- ☎ 987 213 173.
- 🖥 www.regialeon.com
- 🛏 Habitación doble:
  desde 60 €.

Cuidadísima reconstrucción de una casa de vecindad levantada sobre la muralla hace dos siglos. Sus pocas habitaciones son confortables y de buen gusto. En plena zona peatonal y comercial a un paso de la catedral.

Hotel
Quindós***

- ✉ Gran Vía de San
  Marcos, 38.
- ☎ 987 236 200.
- 🖥 www.eurostarshotels.
  com
- 🛏 Habitación doble:
  desde 60 €.

Muy recomendable por su buena relación calidad-precio. Su restaurante, *Formela*, es uno de los mejores de la ciudad.

Hotel Riosol
León***

- ✉ Avda. Palencia, 3.
- ☎ 987 216 650.
- 🖥 www.eurostarshotels.
  com
- 🛏 Habitación doble:
  desde 60 €.

Hotel confortable a orillas del río Bernesga y de la estación del tren. Posee más de cien habitaciones con todas las comodidades. Cafetería y servicio de restaurante.

Hostal Boccalino**

- ✉ Plaza de
  San Isidoro, 1.
- ☎ 987 223 060.
- 🖥 www.hotelboccalino.es
- 🛏 Habitación doble:
  60-70 €.

Acogedor establecimiento situado en la zona de tapeo del Cid, frente a la iglesia de San Isidoro. Habitaciones luminosas y acogedoras, decoradas en estilo rústico. En verano dispone de terraza para su recoleto restaurante italiano.

Hostal Orejas**

- ✉ Villafranca 8, 2ª pl.
- ☎ 987 252 909,
  601 300 356.
- 🖥 https://hostal-orejas.
  es
- 🛏 Habitación doble:
  desde 45 €.

Renovado y ubicado en el 2º piso de un antiguo edificio de la zona comercial. Tiene mucho encanto y el trato es familiar.

Pensión Blanca

- ✉ Villafranca, 2, 2ª pl.
- ☎ 987 251 991,
  623 564 135.
- 🖥 https://pensionblanca.
  com
- 🛏 Habitación doble:
  desde 40 €.

Hostal moderno, con una decoración colorista de gran gusto. Tienen cocina común y lavandería.

Apartamentos Puerta
de León

- ✉ Moisés de León, 49.
- ☎ 987 203 838.
- 🖥 https://apartamentos
  puertadeleon.com
- 🛏 Habitación doble:
  desde 50 €.

En una zona residencial, a unos 10 minutos a pie del centro. Constan de cocina, un dormitorio, salón comedor y baño completo. Totalmente amueblados y equipados. Autoservicio de lavandería.

Astorga

Hotel Vía de la Plata
Spa****

- ✉ Padres Redentoristas, 5.
- ☎ 987 619 000.
- 🖥 www.eurostarshotels.
  com
- 🛏 Habitación doble:
  desde 80 €.

En el recinto histórico de la ciudad, sobre el solar del convento de San Francisco. Moderno, equipado y confortable. A diez minutos a pie de la catedral.

Hotel Astur Plaza***

- ✉ Plaza de España, 2-3.
- ☎ 987 617 665.
- 🖥 www.eurostarshotels.
  com
- 🛏 Habitación doble:
  desde 60 €.

En la Plaza Mayor de Astorga. Las habitaciones son confortables y dispone de un original restaurante.

Hotel Gaudí***

- ✉ Pza. Eduardo de
  Castro, 6 (frente al
  Palacio Episcopal).
- ☎ 987 615 654.
- 🛏 Habitación doble:
  desde 60 €.

Hotel situado en una ubicación privilegiada, justo frente al Palacio Episcopal y la catedral. Su oferta de servicio es discreta en comparación con la apuesta arquitectónica.

La Bañeza

Hotel Bedunia***

✉ Carretera Madrid-
Coruña, 185.
☎ 987 640 524.
🖥 www.hotelbeduina.com
🛏 Habitación doble:
desde 55 €.

Moderno complejo hotelero con amplias habitaciones.

**Hotel
La Hacienda****

✉ Avda. de Portugal, s/n.
Autovía A6,
salida 303.
☎ 987 656 250.
🖥 www.lahacienda303.
com
🛏 Habitación doble:
desde 60 €.

En este establecimiento se podrá disfrutar de 28 modernas, amplias y acogedoras habitaciones.

Castrillo de los Polvazares

**Hostería Cuca
La Vaina****

✉ Jardín, s/n.
☎ 987 691 078.
🖥 https://cucalavaina.es
🛏 Habitación doble:
desde 60 € (ofertas a peregrinos).

En pleno Camino de Santiago, siete habitaciones cómodas y muy agradables. Muy recomendable su restaurante.

Molinaseca

**Casa Ramón Molina
Real**

✉ Real, 27.
☎ 987 453 123,
652 871 848.
🖥 http://
hotelmolinareal.com
🛏 Habitación doble:
desde 50 €.

Establecimiento con restaurante y tienda propia en pleno Camino de Santiago. Estancias luminosas y agradables.

Ponferrada

**Hotel AC
Ponferrada******

✉ Avda. Astorga, 2.
☎ 987 409 973.
🖥 www.marriott.com
🛏 Habitación doble:
desde 60 €.

La cadena hotelera a la que pertenece asegura el confort y la funcionalidad de sus instalaciones.

**Hotel Temple
Ponferrada******

✉ Avda. Portugal, 2.
☎ 987 410 058.
🖥 www.hoteltemple
ponferrada.com
🛏 Habitación doble:
desde 65 €.

Construcción pretendidamente medieval que imita una fortaleza de la Orden templaria. Su confort y comodidad es indiscutible como también la calidad de su servicio. Dispone de un restaurante que elabora cocina de la comarca.

**Hotel Aroi Bierzo
Plaza*****

✉ Pza. del Ayuntamiento,
4.
☎ 987 409 001.
🖥 www.aroihoteles.com
🛏 Habitación doble:
desde 60 €.

Se encuentra situado en la Plaza del Ayuntamiento. Ocupa tres nobles caserones cuidadosamente restaurados.

**Hotel Alda Centro
Ponferrada*****

✉ Avda. de la Puebla, 44.
☎ 987 620 054.
🖥 www.aldacentro
ponferrada.es
🛏 Habitación doble:
desde 55 €.

Abierto en abril de 2018 en el mismo edificio del histórico hotel Madrid. Moderno, luminoso y funcional. A dos pasos del centro histórico.

Ponferrada Plaza***

✉ Avda. de los
Escritores, 6.
☎ 987 406 171.
🖥 www.hotelponferrada
plaza.es
🛏 Habitación doble:
desde 60 €.

Acogedor y moderno hotel de reciente construcción, ubicado junto al Museo del Ferrocarril. Dispone de un buen restaurante.

Riaño

Hotel Presa**

✉ Avda. Valcayo, 12
(esq. Plaza del
Ayuntamiento).
☎ 987 740 637.
🖥 www.hotelpresa.com
🛏 Habitación doble:
desde 60 €.

De nueva planta, como todo el pueblo en el que se encuentra enclavado. Las habitaciones son confortables. También ofrece apartamentos de dos habitaciones, baño, salón y cocina, ubicados en un edificio a escasos metros del hotel.

Sahagún

Hostal La Codorniz**

✉ Avda. Constitución, 97.
☎ 987 780 276.
🖥 www.hostalla
codorniz.com
🛏 Habitación doble:
desde 50 €.

Este establecimiento tiene todas las comodidades para lograr un buen descanso. Las habitaciones no son muy grandes pero sí acogedoras.

**Hospedería
Monástica***

✉ Mayor 12. San Pedro
de las Dueñas.
☎ 987 780 150.

En San Pedro de las Dueñas. Hospedería regida por monjas benedictinas. Solo en verano.

Villafranca del Bierzo

Parador de Villafranca del Bierzo***

- ✉ Avda. de la Constitución, 28.
- ☎ 987 540 175.
- 🖥 https://paradores.es
- 🛏 Habitación doble: desde 130 €.

A la entrada de la ciudad. Fue uno de los paradores pioneros.

Hotel San Francisco*

- ✉ Plaza Mayor, 6.
- ☎ 987 540 465.
- 🖥 www.hotel sanfrancisco.org
- 🛏 Habitación doble: desde 50 €.

Céntrico y familiar, con vistas a la Plaza Mayor.

ALOJAMIENTOS RURALES

Caldas de Luna

Balneario Caldas de Luna****

- ✉ Camino Balneario, s/n.
- ☎ 987 594 066, 633 123 029.
- 🖥 www.balneariocaldas deluna.com
- 🛏 Habitación doble: desde 65 €.

Establecimiento balneario situado a 4 km del embalse de Los Barrios de Luna. Aguas minero-medicinales y todo tipo de tratamientos.

Carrizo de la Ribera

Hospedería Los Reales

- ✉ Las Huergas, s/n.
- ☎ 649 343 865.
- 🛏 Habitación doble: 60-120 €.

Casona ubicada en una finca de 20.000 m² que cuenta con 8 habitaciones dobles. Ideal para viajar con niños.

La Posada del Marqués

- ✉ Plaza Mayor, 4.
- ☎ 987 357 171.
- 🖥 www.posada delmarques.com
- 🛏 Habitación doble: 65-105 €.

Antiguo hospital de peregrinos del Camino de Santiago, hoy acondicionado como hotel rural de máxima categoría. Sus salones están repletos de mobiliario recio, y en las habitaciones destacan sus camas palaciegas con doseles y cenefas. Existe la posibilidad de escuchar canto gregoriano en el monasterio contiguo de Santa María de Carrizo.

Carucedo

Hotel Rural La Peregrina

- ✉ Calle de las Médulas, 21.
- ☎ 611 538 927.
- 🖥 www.laperegrina.es
- 🛏 Habitación doble: 62-120 €.

Alojamiento lleno de luz y de encanto, con todo el sabor de lo rural. Ofrece diez habitaciones distintas. Pista de pádel, piscina cubierta en temporada y terraza de verano. Muy cerca del paraje de Las Médulas.

La Cueta de Babia

Posada Real El Rincón de Babia

- ✉ Barrio de Quejo, s/n.
- ☎ 987 488 292.
- 🖥 www.elrincon debabia.com
- 🛏 Habitación doble: desde 60 €. Casa completa: desde 100 €.

Sólida casona situada frente al río Sil y rodeada de montañas. Preciosas habitaciones, un amplio jardín y un pequeño prado ideal para disfrutar cuando el tiempo lo permite.

Las Herrerías de Valcarce

Paraíso del Bierzo

- ✉ Ctra. General, s/n.
- ☎ 987 684 138, 627 457 959.
- 🖥 www.paraiso delbierzo.com
- 🛏 Habitación doble: desde 60 €.

Hotelito rural ubicado en una antigua casa rehabilitada. El edificio, de tres plantas, tiene catorce habitaciones, entre ellas una *suite,* que están dotadas de todos los servicios necesarios.

Molinaseca

La Casa del Reloj

- ✉ Travesía Manuel Fraga Iribarne, 6.
- ☎ 987 453 124.
- 🖥 https://molinaseca.com
- 🛏 Habitación doble: 45 €.

Junto a la Casa de las Torres, 8 habitaciones sencillas y luminosas. Gran sala empedrada, con dos chimeneas centrales y una pequeña cocina.

Puebla de Lillo

Casa Susarón

- ✉ Real, 22.
- ☎ 654 300 300.
- 🖥 www.susaron.net
- 🛏 Habitación doble: desde 60 €.

La casa fue la antigua panadería del pueblo, con más de trescientos años de antigüedad, rehabilitada. Oferta doce habitaciones.

Salamón

La Hospedería de Salamón

- ✉ La Cuesta, s/n.
- ☎ 987 710 806.
- 🖥 www.hospederia desalamon.es
- 🛏 Habitación doble: desde 75 €.

Casa rural entrañable que ofrece la posibilidad de perderse unos días, olvidando el estrés de la vida cotidiana y disfrutando de la naturaleza en su estado más puro. Desde el corredor de madera de la casa se tiene una estupenda panorámica de la montaña.

San Pedro de Olleros

Casa Rural El Candil

- ✉ San Nicolás, 46.
- ☎ 987 568 231.
- 🖰 www.casaelcandil.es
- 🛏 Fin de semana: desde 200 €.

Casa rural de alquiler completo (también un apartamento independiente) enclavada en Los Ancares. Equipada y coqueta.

Santa Colomba de Somoza

Casa Pepa

- ✉ Mayor, 2.
- ☎ 987 631 041.
- 🖰 https://casapepa.com
- 🛏 Habitación doble: 73-84 €.

Auténtica casona maragata del siglo XVIII restaurada que cuenta con habitaciones perfectamente equipadas.Una experiencia inolvidable. Restaurante propio.

Sena de Luna

Días de Luna

- ✉ Magistrado Quirós, 24.
- ☎ 987 597 767.
- 🖰 www.diasdeluna.com
- 🛏 Habitación doble: desde 69 €.

Sole, Gerardo, Gloria y Carmen son los cuatro supervivientes de una aventura personal y laboral que se inició a finales de la década de los 90 en el edificio de las antiguas escuelas de Sena de Luna. En total son 18 habitaciones (4 triples, 2 individuales y 12 dobles) situadas en la primera planta del edificio y orientadas a la sierra de los Grajos y al río Luna. Decoración sencilla y multitud de actividades, desde talleres de interpretación del paisaje, catas de vino o empaquetado y cocina.

Val de San Lorenzo

Hotel Rural La Lechería

- ✉ La Lechería, 1.
- ☎ 987 635 073.
- 🖰 www.la-lecheria.com
- 🛏 Habitación doble: desde 70 €.

Hermoso caserón que conserva la esencia de la arquitectura maragata. Con todas las comodidades, permite disfrutar al máximo de su estancia. Posee nueve habitaciones, restaurante, sala con chimenea y varias salas decoradas con la calidez de los muebles tradicionales.

Vega de Espinareda

Casa Era Marina

- ✉ Conchera, 70.
- ☎ 602 439 945.
- 🖰 https://eramarina.com
- 🛏 Desde 150 € (casa completa).

Casa rural acogedora con sabor tradicional en su construcción. Dispone de tres habitaciones dobles con baño y oferce todas las comodidades. Posibilidad de múltiples actividades de tiempo libre.

Casa Dos Puentes

- ✉ Calleja, 14.
- ☎ 660 900 471.
- 🖰 www.dospuentes.es
- 🛏 Desde 30 € por persona y noche.

Totalmente rehabilitada en piedra y madera. Amplio salón comedor, cocina totalmente amueblada y de tres habitaciones. La casa se encuentra a media hora del Valle de Ancares y de la explotación de Las Médulas.

Villamartín de la Abadía

El Tiempo Recobrado

- ✉ Avenida de Villanueva, 33.
- ☎ 987 562 422.
- 🖰 www.eltiempo recobrado.com
- 🛏 Habitación doble: desde 65 €.

Hotel rural berciano con habitaciones amplias y luminosas. Biblioteca con chimenea.

Villar de Otero

Hotel Rural Casa Ana

- ✉ La Moura, 4. Sésamo.
- ☎ 987 568 519.
- 🖰 www.casaana.es
- 🛏 Habitación doble: desde 75 €.

Hotelito con 17 habitaciones enclavado en un pintoresco enclave. Ambiente rústico, salón-comedor con chimenea y aparcamiento propio.

CasonaLos Trobos

- ✉ Ctra. Vega de los Ancares, km 5,5.
- ☎ 617 827 197.
- 🖰 www.lostrobos.com
- 🛏 Habitación doble: desde 47 €. Apartamento/día: desde 100 €.

Casa de piedra y madera, orientada al sur. Ofrecen también apartamentos de cuatro plazas, con todas las comodidades.

Información práctica

CALENDARIO DE FIESTAS

▌Febrero

San Blas. Se celebra en diferentes localidades como **San Millán de los Caballeros, Carucedo** o **Carrizo de la Ribera.**

Carnaval. Destaca por su gran jolgorio el de **La Bañeza.** De manera más modesta, también en la **capital, Ponferrada** y **Astorga,** en donde es famoso el Sábado de Piñata.

▌Marzo

Semana Santa. Sin lugar a dudas, destacan las emotivas procesiones en **León,** aunque también se pueden visitar las de **Astorga, Ponferrada, La Bañeza** y **Valencia de Don Juan.** El Domingo de Ramos es fiesta en la localidad de **Benavides de Órbigo;** el Viernes Santo se representa un **Vía Crucis Viviente** en **Jiménez de Jamuz** y también es fiesta grande en **Cacabelos.**

▌Mayo

Domingo Alubiero. Se celebra a mediados de mes en el santuario de Villafrías en **Vegas del Condado.**

San Isidro Labrador. El día 15 se festeja en numerosos pueblos de la provincia, destacando **Quintana del Castillo** y **Villazelama.**

Romería Virgen de la Peña. El día 30 se realiza la romería al santuario de la **Virgen de la Peña** en **Congosto.**

Romería de San Froilán. En **Valdorria,** el día 1 de mayo.

▌Junio

Justas Medievales del *Passo Honroso.* El primer fin de semana de junio, **Hospital de Órbigo** rememora las hazañas de don Suero de Quiñones allá por el siglo xv en el puente del Paso Honroso. El torneo junto al desfile de pendones y caballeros y los bailes medievales son los actos centrales de la fiesta.

San Juan de Sahagún. Patrón de la ciudad de **Sahagún,** el día 15 de junio.

Corpus. En **Laguna de Negrillos** se celebra el domingo siguiente a dicha festividad, una procesión espectacular con danzas populares, máscaras y un San Sebastián con flecha y sable que abre la marcha.

San Juan. El 24 es la fiesta grande de **León** y de infinidad de localidades.

TRANSPORTES

▌Transporte Urbano

Aeropuerto
✉ A 6 kilómetros de la capital, en el término de Virgen del Camino, en la carretera de la Ermita, s/n.
☎ 913 211 000.
🖥 www.aena.es

Estaciones de autobuses
León
✉ Avda. Ingeniero Sáenz de Miera, s/n.
☎ 987 211 000.
Ponferrada
✉ Avenida de la Libertad, 15.
☎ 987 401 065.
Astorga
✉ Avda. de las Murallas, 52.
☎ 987 619 100.

Ferrocarril
Renfe León
✉ Astorga, s/n.
☎ 91 232 03 20.
🖥 www.renfe.com

Renfe-Feve León (vía estrecha).
✉ Padre Isla, 48.
☎ 987 225 919.

Tele Taxi
☎ 987 106 006.
🖥 www.taxileon.es

Hay paradas, tanto de día como de noche, en las estaciones de tren y autobuses. Otras paradas: Ramón y Cajal, República Argentina, Ordoño II, Catedral.

TRANSPORTES

Autobuses urbanos
En León capital, casi todos los autobuses parten de la plaza de Santo Domingo o de sus aledaños.
Existen 13 líneas.
☎ www.alesa-alsa.com

Aparcamientos
Subterráneos: Ordoño II, Plaza de San Marcelo, Pza. Mayor, Colón. Exteriores: explanada de la Junta de Castilla y León y aparcamiento de San Pedro, gratuitos; calle santa Nonia, de pago.

Alquiler de automóviles
AVIS
✉ Estación de Renfe.
☎ 987 270 075.
☎ www.avis.es
Europcar
✉ Estación de Renfe.
☎ 987 230 251.
☎ www.europcar.es

OFICINAS DE TURISMO

León
Oficina de Turismo de León
✉ Plaza de Regla, 2.
☎ 987 237 082.
☎ https://leon.es

Provincia de León
☎ www.turisleon.com

Junta de Castilla y León
☎ www.turismo castillayleon.com

El día 29, **San Pedro**, patrón de Carucedo, cierra las fiestas de San Juan.

Julio

Noche templaria. En Ponferrada se celebra la primera luna llena del mes de julio. Recrea cómo fray Guido de Garda, maestre de la Orden de los Caballeros Templarios, vuelve a la ciudad del Puente de Hierro para sellar un pacto de eterna amistad y entregarle la custodia de los símbolos hallados en Jerusalén. La comitiva templaria es recibida por miles de ponferradinos ataviados con ropajes medievales que, custodiando el Arca de la Alianza y el Santo Grial, se dirigen a depositarlas en el castillo.

Feria del Ajo. En Santa Marina del Rey, el 18 de julio. Es una feria a medio camino entre una tradición agrícola y lúdica. Además de la venta del ajo, se exponen aperos de labranza, artesanías y mercaderías diversas, pasacalles, conciertos, etc.

Festividad de Santiago. Se celebra el día 25 en poblaciones como **Vegas del Condado, Santiago Millas** y **Trobajo del Camino.**

Fiestas Astur-Romanas. La última semana de julio, **Astorga** recrea los tiempos en los que esta localidad era *Astúrica Augusta.* Una vuelta al pasado, que ha sido reconocida a nivel nacional con la inclusión en la Asociación Española de Fiestas y Recreaciones Históricas.

Agosto

Mercado Medieval. Tiene lugar en **Carracedelo** a principios del mes. Destaca su tradicional Ajedrez Viviente, en el claustro del monasterio de Santa María de Carracedo.

Feria del vino. Se realiza en **Valdevimbre** el día 10 con exposición de vinos, charangas y verbenas, y en **Pajares de los Oteros,** el penúltimo domingo de mes, con suelta de palomas mensajeras, visita a las bodegas, concursos gastronómicos, pasacalles y desfiles de carrozas.

Nuestra Señora de las Angustias. El día 15 **Molinaseca** se viste de fiesta. La Virgen es llevada en romería, por las calles del pueblo, a hombros de las mujeres del municipio.

El 18 celebra su tradicional **Fiesta del Agua,** en la que tras una larga noche de ronda por las bodegas, al llegar las siete de la mañana, se suelta el agua del río por la calle Real, y todos los asistentes, la mayoría jóvenes cargados con cubos y calderos, no dejan seco a ninguno de los viandantes que se acerquen por la zona.

Fiestas en honor a Santa Marta. El día 22 son las fiestas grandes de **Astorga**. Entre sus múltiples actividades destaca, por su originalidad, la carrera de literas romanas.

I Septiembre

Nuestra Señora de la Encina. Se festeja el día 8 en **Cistierna, Santa María del Páramo** y sobre todo en **Ponferrada**, en donde miles de bercianos que se acercan a la basílica de la Encina a presentar su ofrenda a la patrona del Bierzo. El día 9, *la Encinina*, se reserva como fiesta local de la localidad.

Fiesta de los Pastores. Segundo domingo en **Los Barrios de Luna**. La asistencia suele ser multitudinaria y está animada por grupos de música tradicional. Se come caldereta y el chorizo y morcilla de la comarca. Hay concurso de ganado y se elige al pastor mayor de los montes de Luna.

Feria del Pimiento. El último domingo de mes tiene lugar en **Fresno de la Vega**. Se ofrece al público una impresionante pimientada y muestras de productos artesanos.

I Octubre

San Froilán. Patrón de la ciudad de **León**, se celebra el día 5. Por el barrio viejo se puede ver un desfile de carros engalanados y degustar productos de la tierra en la plaza del Grano. También se celebra en **La Virgen del Camino**.

Feria del Puerro. Último fin de semana de octubre en **Sahagún**, donde se puede degustar, además del preciado vegetal, escabeche de tino y aceitunas negras, regado todo con buen vino de la tierra.

I Noviembre

El magosto.

En **El Bierzo**, coincidiendo con el día de Todos los Santos, se mantiene esta tradición, de origen remoto, que celebra la cosecha de castañas. Se asan en hogueras y se acompañan de vino y orujo.

Feria de la cecina de chivo. Primer domingo de mes en **Vegacervera**. El antecedente de la feria fue el concurso de cestería. Hay actuaciones folclóricas y gran asistencia de público.

I Diciembre

Santa Bárbara.

El día 4 es fiesta en casi todas las cuencas mineras: **Santa Lucía de Gordón, Sabero, Villablino y Toreno**, entre otras localidades de los valles mineros leoneses.

OFICINAS DE TURISMO

Astorga
✉ Plaza Eduardo de Castro, 5.
☎ 987 618 222.
🌐 https://turismo astorga.es

La Bañeza
✉ Fray Diego Alonso, 9.
☎ 987 656 737.
🌐 www.turismo labaneza.es

Cacabelos
✉ Angustias, 24.
☎ 987 546 993.
🌐 https://cacabelos. org/turismo

Ponferrada
✉ Gil y Carrasco, 4.
☎ 987 424 236.
🌐 www.ponferrada. org

Sahagún
✉ El Arco.
☎ 987 781 015.
🌐 www.turismo sahagun.com

Valencia de Don Juan
✉ Jardín de los Patos, s/n (solo en verano).
☎ 987 497 659, 987 751 110.
🌐 www.valencia dedonjuan.es

Villafranca del Bierzo
✉ Avda. Díez Ovelar, 10.
☎ 987 540 028.
🌐 www.villafranca delbierzo.org

Índice de lugares

LEÓN CAPITAL

PROVINCIA DE LEÓN